北京印刷学院专业建设——财务管理专业（市级）（项目编号：03150114015）

企业竞争力、代理成本与内部控制研究
Enterprises' Competitive Edge, Agency Cost and Internal Control

张 颖 著

知识产权出版社
全国百佳图书出版单位

图书在版编目（CIP）数据

企业竞争力、代理成本与内部控制研究/张颖著.—北京：知识产权出版社，2016.9
ISBN 978-7-5130-4463-9

Ⅰ.①企… Ⅱ.①张… Ⅲ.①企业—委托代理—研究 ②企业内部管理—研究 Ⅳ.①F271.5 ②F272.3

中国版本图书馆 CIP 数据核字（2016）第 221457 号

内容提要

本书通过检验内部控制质量与企业竞争力和代理成本的相关关系，为内部控制建设与实施提供经验证据支持。

责任编辑：刘晓庆 于晓菲　　　　责任出版：孙婷婷

企业竞争力、代理成本与内部控制研究
QIYE JINGZHENGLI、DAILI CHENGBEN YU NEIBU KONGZHI YANJIU

张　颖　著

出版发行：	知识产权出版社 有限责任公司	网　址：	http://www.ipph.cn
电　话：	010-82004826		http://www.laichushu.com
社　址：	北京市海淀区西外太平庄 55 号	邮　编：	100081
责编电话：	010-82000860 转 8363	责编邮箱：	yuxiaofei@cnipr.com
发行电话：	010-82000860 转 8101/8029	发行传真：	010-82000893/82003279
印　刷：	北京中献拓方科技发展有限公司	经　销：	各大网上书店、新华书店及相关专业书店
开　本：	720mm×960mm　1/16	印　张：	8.5
版　次：	2016 年 9 月第 1 版	印　次：	2016 年 9 月第 1 次印刷
字　数：	112 千字	定　价：	48.00 元

ISBN 978-7-5130-4463-9

出版权专有　侵权必究

如有印装质量问题，本社负责调换。

摘 要

我国企业内部控制法制化进程自 2008 年开始步入正轨,财政部等五部委联合发布《企业内部控制基本规范》,被称作中国的"萨班斯法案"。为了进一步指导企业建设和评价内部控制,2010 年五部委又联合发布了《企业内部控制配套指引》。随着经济全球化和市场竞争的加剧,企业规模不断扩大,所有权和经营权进一步分离,财务报告作为解决代理问题的手段之一,地位越来越重要。为了提高企业会计信息的可靠性,外部监管机构和投资者共同推动了内部控制建设和披露制度的强制性要求。

国际和国内的监督机构拥有极大的对企业的内部控制制度建设实施和披露的热情,但上市公司管理层对于内部控制的认可度并不高。德勤 2009 年对上交所部分上市公司的问卷调查和访谈显示,仅有 29.41% 的企业认为,加强内部控制有助于企业监控并降低成本和费用。国外同样有学者认为,"萨班斯法案"的实施增大了企业的成本,违背了成本效益的原则。而内部控制理论和实践的发展仅仅依靠监管者的热情和监管力度,并不能从根本上促使内部控制落实到企业内部。只有将企业股东、管理者、外部投资者及监管机构的目标与内部控制实施的目标协调一致,才能真正推动内部控制理论与实践的发展。

COSO 报告认为内部控制目标有三个,即经营的效果和效率、财务报告的可靠性和法律法规的遵循性,而我国所明确的目标有五个,在《企业内部控制基本规范》中进行了规定，比 COSO 的报告多了"战略"和"资产的安全"两个目标。由此可见，经营的效果和效率是公认的最重要内部控制目标之一，而且这也是企业生存和发展最基本和最重要的目标。

我国上市公司的内部控制建设和实践是否取得了其预期的经济效果，是否达到了其建设的目的？针对这些问题，本书开展了对内部控制经济效果的研究。本书通过对 2008—2011 年的 A 股上市公司内部控制自我评价报告、鉴证报告和会计数据，主要研究以下两个问题。

第一，现有内部控制体系是否可以促进企业竞争力的提高。

内部控制可以帮助企业实现其业绩和利润目标，防止资源损失，从而提高企业的竞争力。内部控制中的合理分工、相互牵制可以有效地降低舞弊的可能性；内部控制中客观严谨的监督与考核能够保证工作业绩得到真实的反映，再配合合理的奖惩措施，可以激发员工的工作热情及潜能，从而提高工作效率，进而促进整个企业竞争力的提高。

但是另一方面，根据权变理论，一个组织的管理要根据其所处的内外部条件的变化随机应变，针对不同的具体条件，需要不同的管理模式、方案或者方法。内部控制的相对固化会降低企业的效率和灵活性，而且内部控制的建立和实施还会增加企业的运营成本，从而会降低企业的竞争力。

因此，本书研究的第一个问题是较高质量的内部控制是否可以提升企业的竞争力。

第二，现有内部控制体系是否可以有效降低企业的代理成本。

Jenson 和 Meckling 将代理问题区分为两种利益冲突：股东与经理层之间的利益冲突，以及债权人与股东之间的利益冲突。这两种利益冲突是否可以通过企业内部控制体系的建设和实施而得到缓解是值得探讨的问题。

因此，本书研究的第二个问题是较高质量的内部控制是否可以降低企业的代理成本。

本书的主要结论如下。

1. 本书从四个维度来度量企业竞争力，考察内部控制对企业竞争力的影响。

通过经验证据检验，发现内部控制对企业竞争力有促进作用。

第一，内部控制质量与营运能力存在正相关关系，高质量的内部控制能够提高企业的营运能力。

第二，内部控制质量与盈利能力存在正相关关系，但内部控制对盈利能力的影响力较弱。高质量的内部控制能够提高企业的盈利能力，但发挥的作用有限。

第三，内部控制质量与成长能力存在正相关关系，高质量的内部控制能够提高企业的成长能力。与对盈利能力的系数进行对比可以发现，内部控制更能为企业带来长期的收益。

第四，内部控制质量与现金产生能力存在正相关关系。高质量的内部控制能为企业带来现金产生能力的增强，但过度的控制，会导致机会成本的丧失。

进一步对产权性质通过内部控制对竞争力的影响进行研究发现，当上市公司的实际控制人为国有产权性质时，由于所有者缺位，其可能游离于内部控制系统之外，使得内部控制对包括市场占有率、现金产生能力在内的企业竞争力的促进作用要低于非国有企业。

我们通过研究内部控制质量与托宾Q值的关系时还发现，我国上市公司的内部控制建设并没有得到市场的认可。我国对内部控制建设的推行力度很大，上市公司纷纷组成专业的内部控制机构进行内部控制系统的设计、建设、实施和评价，预期目的是为了提高上市公司的会计信息质量，提高企业的经济效益，增强投资者的信心。从对托宾Q值的回归分析结果可以看到，无论是从会计信息质量提高的角度而言，还是内部控制对未来收益的推高作用的预期来说，投资者并未认可内部控制建设和实施的效果。

2. 本书从债务代理成本和经理人代理成本的角度考察了内部控制是否可以降低代理成本。

第一，内部控制质量与债务代理成本成正相关关系，内部控制的加强不能及时降低债务的代理成本。

第二，内部控制质量与经理人代理成本成正相关关系，内部控制的加强不能及时降低经理人的代理成本。

以往对内部控制经济后果的研究多集中于财务报告视角，对于基于管理视角研究内部控制经济后果的研究较少，一般是研究内部控制对企业业绩或者绩效之间的相关关系，缺乏关于内部控制对于企业竞争力影响的研究。竞争力是克服生存困难、保持企业持续成长的不二法宝，本书通过检验内部控制质量与企业竞争力和代理成本的相关关系，为内部控制建设与实施提供经验证据支持。

目 录

第 1 章 绪论 ·· 1
1.1 研究的问题 ·· 1
1.2 研究意义 ··· 4
1.2.1 理论意义 ·· 4
1.2.2 实践意义 ·· 6
1.3 研究目标与研究思路 ·· 6
1.3.1 研究目标 ·· 6
1.3.2 研究思路 ·· 7
1.4 研究内容与框架 ··· 8
1.5 研究方法与研究样本 ·· 9
1.5.1 文献学习法 ·· 10
1.5.2 规范研究方法 ··· 10
1.5.3 实证研究方法 ··· 10
1.6 创新与贡献 ·· 10

第 2 章 文献综述 ·· 12
2.1 内部控制经济后果研究文献综述 ······························ 12
2.1.1 管理层面经济后果的研究 ································ 13
2.1.2 财务报告层面经济后果研究 ····························· 15

2.2 内部控制质量评价文献综述 ··· 17
2.2.1 国外文献中的内部控制质量评价指标 ································· 17
2.2.2 国内研究内部控制质量评价指标 ·· 19
2.3 文献评述 ··· 20

第3章 理论分析 ··· 22
3.1 内部控制理论 ··· 22
3.1.1 内部控制界定 ·· 22
3.1.2 内部控制与其他理论的联系 ··· 25
3.2 内部控制与企业竞争力理论 ··· 27
3.2.1 企业竞争力理论 ·· 27
3.2.2 内部控制与企业竞争力理论分析 ·································· 33
3.2.3 内部控制对竞争力的增强效应 ····································· 33
3.2.4 内部控制对竞争力的削弱效应 ····································· 39
3.3 内部控制与代理理论 ··· 45
3.3.1 委托代理理论 ·· 45
3.3.2 内部控制与委托代理理论分析 ····································· 47

第4章 内部控制与企业竞争力实证研究 ······································· 50
4.1 引言 ··· 50
4.2 内部控制与营运能力 ··· 51
4.2.1 研究假设 ·· 51
4.2.2 研究设计 ·· 52
4.2.3 实证结果 ·· 56
4.3 内部控制与盈利能力 ··· 63
4.3.1 研究假设 ·· 63
4.3.2 研究设计 ·· 65

  4.3.3 实证结果 ……………………………………………… 68

4.4 内部控制与成长能力 ……………………………………… 73

  4.4.1 研究假设 ……………………………………………… 73

  4.4.2 研究设计 ……………………………………………… 75

  4.4.3 实证结果 ……………………………………………… 78

4.5 内部控制与现金产生能力 ………………………………… 83

  4.5.1 研究假设 ……………………………………………… 83

  4.5.2 研究设计 ……………………………………………… 85

  4.5.3 实证结果 ……………………………………………… 87

4.6 本章小结 …………………………………………………… 92

第5章 内部控制与代理成本实证研究 ……………………… 94

5.1 引言 ………………………………………………………… 94

5.2 内部控制与股东—债权人债务代理成本 ………………… 95

  5.2.1 研究假设 ……………………………………………… 95

  5.2.2 研究设计 ……………………………………………… 96

  5.2.3 实证结果 ……………………………………………… 98

5.3 内部控制与经理人代理成本 ……………………………… 102

  5.3.1 研究假设 ……………………………………………… 102

  5.3.2 研究设计 ……………………………………………… 103

  5.3.3 实证结果 ……………………………………………… 105

第6章 研究结论与启示 …………………………………………… 110

6.1 研究结论 …………………………………………………… 110

6.2 政策和建议 ………………………………………………… 112

  6.2.1 收紧边界，明确范围 ……………………………… 112

  6.2.1 循序渐进，逐步开展 ……………………………… 112

6.2.3 大力宣传，标准可行 …………………………………………… 112
6.3 研究局限 …………………………………………………………… 113
6.4 未来展望 …………………………………………………………… 114
6.4.1 内部控制披露标准方面的研究 …………………………… 114
6.4.2 内部控制经济后果的研究 ………………………………… 114

参考文献 ………………………………………………………………… 115

图表目录

图 1-1　研究思路图 ·· 7
表 4-1　变量定义 ·· 54
表 4-2　模型 1-1 主要变量描述性统计 ······································ 57
表 4-3　上市公司自我评价报告披露情况及样本量 ···················· 58
表 4-4　模型 1-2 主要变量描述性统计 ······································ 59
表 4-5　模型 1-1 相关性分析 ·· 59
表 4-6　回归模型 1-1 多元线性回归分析表 ······························· 61
表 4-7　回归模型 1-2 多元线性回归分析表 ······························· 62
表 4-8　主要变量定义表 ··· 65
表 4-9　模型 2-1 主要变量描述性统计 ······································ 68
表 4-10　模型 2-2 主要变量描述性统计 ···································· 69
表 4-11　回归模型 2-1 多元线性回归分析表 ····························· 70
表 4-12　回归模型 2-2 多元线性回归分析表 ····························· 71
表 4-13　主要变量定义表 ··· 75
表 4-14　模型 3-2 主要变量描述性统计 ···································· 78
表 4-15　模型 3-2 主要变量描述性统计 ···································· 79
表 4-16　回归模型 3-1 多元线性回归分析表 ····························· 80
表 4-17　回归模型 3-2 多元线性回归分析表 ····························· 81

表 4-18	主要变量定义表	85
表 4-19	模型 4-1 主要变量描述性统计	88
表 4-20	模型 4-2 主要变量描述性统计	89
表 4-21	回归模型 4-1 多元线性回归分析表	89
表 4-22	回归模型 4-2 多元线性回归分析表	91
表 5-1	主要变量定义表	96
表 5-2	模型 5-1 主要变量描述性统计	99
表 5-3	模型 5-2 主要变量描述性统计	99
表 5-4	回归模型 5-1 多元线性回归分析表	100
表 5-5	回归模型 5-1 多元线性回归分析表	101
表 5-6	主要变量定义表	104
表 5-7	模型 6-1 主要变量描述性统计	106
表 5-8	模型 6-2 主要变量描述性统计	106
表 5-9	回归模型 6-1 多元线性回归分析表	107
表 5-10	回归模型 6-2 多元线性回归分析表	108

第1章 绪论

1.1 研究的问题

企业内部控制源自社会分工和企业规模扩大化和形式复杂化所带来的管理需求，其理论雏形是1912年由"美国审计学家罗伯特·H·蒙可马利"提出的内部牵制理论。此后经历了内部控制制度阶段、内部控制结构阶段、整体框架理论阶段、风险管理框架阶段四个阶段。2004年，美国安然、世界通信等财务舞弊案件促使美国"萨班斯法案"（Sarbanes-Oxley Act，SOX）的颁布而引发了内部控制研究与讨论的热潮。自此，现代的内部控制理论与实践已由最初的管理自身需求推动转向了投资者和外部监控需求推动。

"萨班斯法案"要求在美国上市的公司按照美国反虚假财务报告委员会发起组织委员会（简称"COSO"委员会）的规范建立健全内部控制体系。我国参照COSO的内控体系，2008年，财政部牵头由五部委联合发布《企业内部控制基本规范》，被称作中国的"萨班斯法案"。为了进一步指导企业设计、建设、实施和评价内部控制，五部委于2010年又联合发布了《企业内部控制配套指引》，将《企业内部控制基本规范》予以细化。随着经济全球化和市场竞争的加剧，企业规模不断扩大，所有权和经营权进一步分离，导致财务报告作为解决代理问题的手段之一，地位愈发重要。为了提高企业会计信息的可靠性，外部监管机构和投资者共同推动了内部控制建设和披露制度的强制性要求。

国际和国内的监督机构对企业的内部控制制度建设实施和披露拥有极大热情，但上市公司管理层对于内部控制的认可度并不高，德勤 2009 年对上交所部分上市公司的问卷调查和访谈显示，仅有 29.41% 的企业认为，加强内部控制有助于企业监控并降低成本和费用。国外同样有学者认为"萨班斯法案"的实施增大了企业的成本，违背了成本效益的原则。而内部控制理论和实践的发展仅仅依靠监管者的热情和监管力度，并不能从根本上促使内部控制真正落实到企业内部，只有将企业股东、管理者、外部投资者及监管机构的目标与内部控制实施的目标协调一致，才能真正推动内部控制理论与实践的发展。

COSO 报告中内部控制目标有三个，即"经营的效果和效率、财务报告的可靠性和法律法规的遵循性"，而我国所明确的目标有五个，在《企业内部控制基本规范》中进行了规定，比 COSO 的报告多了"战略"和"资产的安全"两个目标。由此可见，经营的效果和效率是公认的最重要内部控制目标之一，而且这一目标也是企业生存和发展最基本和最重要的目标。

内部控制建设和实施的最终目标是实现企业长期的价值最大化，而企业价值的增长取决于企业的竞争力的增强和代理问题的解决。一方面，只有企业的竞争力越强，在市场中占据主动地位，获得超额利润，不断增强企业的实力，形成良性循环，才能保证企业长期价值最大化目标的实现。另一方面，企业的代理问题使得企业各方利益者目标不一致，造成价值的损失，从而不利于企业价值最大化目标的实现。因此，能够有效促进竞争力和降低代理成本的内部控制，才是企业所真正需要的内部控制，激发包括股东、管理者在内的利益相关者建设适合各企业本身的内部控制，并将内部控制制度落在实处，而不仅仅是形式主义。

我国目前由财政部等五部委联合推动的现代内部控制体系的推广与建设是否可以达到其既定的目标呢？我国上市公司的内部控制建设是否可以起到提高经营效率和效果呢，从而促进企业竞争力的增强和代理成本的降低？这是本书所要研究的问题。

本书通过对2008—2011年的A股上市公司内部控制自我评价报告和鉴证报告和财务数据主要研究以下两个问题。

第一，现有内部控制体系是否可以促进企业竞争力的提高。

内部控制可以帮助企业掌控风险，减少资源损失，实现其业绩和利润目标，从而提高企业的竞争力。以风险为导向的内部控制，将风险控制在可忍受的范围是其中心宗旨。内部控制中的合理分工、相互牵制可以有效地降低舞弊的可能性，减少不必要的损失；内部控制中客观严谨的监督与考核能够保证工作业绩得到真实地反映，再配合合理的奖惩措施，可以激发员工的工作热情及潜能，从而提高工作效率，进而促进整个企业竞争力的提高。

但是另一方面，根据权变理论，一个组织的管理要根据其所处的内外部条件的变化随机应变，针对不同的具体需求不同的管理模式、方案或者方法，内部控制的相对固化会降低企业的效率和灵活性。此外，内部控制的建立和实施还会增加企业的运营成本，从而会降低企业的竞争力。

因此，本书研究的第一个问题是较高质量的内部控制是否可以提升企业的竞争力。

第二，现有内部控制体系是否可以有效降低企业的代理成本。

詹森和麦克林（Jensen and Meckling, 1976）将企业代理问题区分为两种利益冲突：一种是所有者与经营者间利益冲突，一种是所有者与债权人间的利益冲突，这两种利益冲突是否可以通过企业内部控制体系的建设和实施而得到缓解是值得探讨的问题。

因此，本书研究的第二个问题是较高质量的内部控制是否可以降低企业的代理成本。

1.2 研究意义

1.2.1 理论意义

企业本质是由利益相关者缔结的一组契约，其生命力来自利益相关者的共同合作。每个利益相关者以不同形式向企业投入其特定资产，用于创造"企业的剩余价值"。股东以实物资产、债权人以债权、雇员以专业性人力资产、经理人以异质性人力资本、顾客以顾客价值构成企业"剩余生产"的物质基础。企业各利益相关者均有权按照受益与贡献相匹配的原则，参与"企业剩余价值"的分配。各利益相关者对"企业剩余价值"的贡献是分配的标准，而雇员与经理人的贡献是需要其他利益相关者通过考察予以确定，而由于信息的不对称，导致各方产生利益冲突而无法达成利益一致。经理人和雇员较外部股东掌握较多的公司信息，雇员较经理人而言与企业的利益的相关度更高，使其有能力和动力取得更高的监管效率。现代企业系统的上述特征，决定了内部控制应通过正式的制度安排，以协调利益相关者的关系，实现决策的科学，从而确保利益相关者利益的最大化。

内部控制从三个层面来促进相关利益者利益最大化的实现：一是管理层面；二是财务报告层面；三是外部监管层面。

首先，在管理层面上，内部控制作为企业的一种管理活动，其根本目标是实现股东财富最大化或企业价值最大化。公司价值高低、业绩好坏取决于企业是否拥有一套科学的决策制定机制与实施机制。起源于"内部牵制"的内部控制，在实现股东价值最大化目标中的作用是，通过避免价值损失，实现价值增量的增加。内部控制的建设是企业内部机制和外部环境权衡的结果。

其次，在财务报告层面，内部控制是保证财务报告的可靠性和有效性的重要手段。健全完善的内部控制可以有效防止重大错报漏报、串谋舞弊等，有效提高会计信息质量，保护投资者在内的利益相关者的利益。安然公司、世界通信公司等舞弊案件，引发了市场、监管部门对内部控制制度有效性的反思，推动了内部控制监管制度出台。美国2002年颁布的"萨班斯法案"第302条款，是对在美上市公司自我评价的规定，要求管理层在年度或季报中对其内部控制和程序的有效性进行评价并予以披露。其中第404条款是对在美上市公司内部控制控制的审计规定，要求审计师必须检查上市公司管理层对与财务报告有关的内部控制有效性评估，并在年末审计报告中予以披露。内部控制作为企业内部管理的自发性行为，因财务报告披露和监管的要求所推动，转向了以内部控制有效性为基础的协调利益相关者的相宜机制。

最后，在外部监管层面，内部控制实施与披露促使企业内部各级人员遵守国家法律法规和相关的监管要求。企业内部控制的建立和实施，可以控制小集体利益的企业和个体利益的内部人之间的利益冲突。而通过外部监管对内部控制的推动，可以有效降低整体利益的社会、小集体利益的企业和个体利益的内部人之间的利益冲突。

目前，国内外对于内部控制经济后果的研究大多处于财务报告层面，从管理视角和代理视角对内部控制经济后果研究的文献较少。本书系统地检验了内部控制质量对企业竞争力和代理成本的影响，丰富了内部控制、企业竞争力和代理理论三个领域的研究。

1.2.2 实践意义

随着国际国内经济环境越来越复杂多变，企业的生存和发展都面临着诸多风险，越来越需要企业健全内部控制制度对造成企业价值损失的各类风险加强管理和控制。内部控制体系可以为企业建立一道防火墙，帮助企业防范各类风险，减少舞弊行为。如果没有建立内部体系，或者企业的内部控制存在漏洞，将会导致企业价值发生损失，严重的甚至会导致企业的经营失败。SFAA（美国忠诚与保护协会）对破产公司进行了调查，结果发现有70%的公司破产的原因是内部控制没有发挥其应有的作用。ACFE（美国注册舞弊审查师协会）在2002年报告中对发生舞弊的公司进行了调查，通过对其内部控制体系的分析发现，有大约90%的发生舞弊的公司均由于内部控制体系存在问题导致。有些公司内部控制体系并不适当，有些公司则由于内部控制不被重视而无法得到实施。内部控制在促进企业健康发展、有效运行具有重要的作用。

通过对我国上市公司内部控制质量及其经济后果的研究，提供内部控制质量及其披露对企业竞争力和代理成本的影响的实证证据，对我国上市公司内部控制质量现状进行分析，总结我国内部控制建设和实施中的问题和经验，并提出有针对性的政策建议，为企业管理者、投资者和监管者提供参考，为内部控制的实践提供经验证据。

1.3 研究目标与研究思路

1.3.1 研究目标

立足于我国特定的制度环境，本书从管理视角和代理视角系统来研究内部控制的经济效果，分析我国上市公司内部控制质量对企业竞争力和代理成本的影响，以丰富内部控制、企业竞争力和代理理论等理论研究。在总结实证检验结论的基础上，探寻上市公司内部控制建设、实施和披露中存在的问题，提出有针对性的政策建议。

1.3.2 研究思路

本书的研究基于图 1-1 所示的路径。研究的逻辑是基于内部控制理论研究的基础上，通过对我国上市公司内部控制现状分析，研究内部控制产生的经济后果。

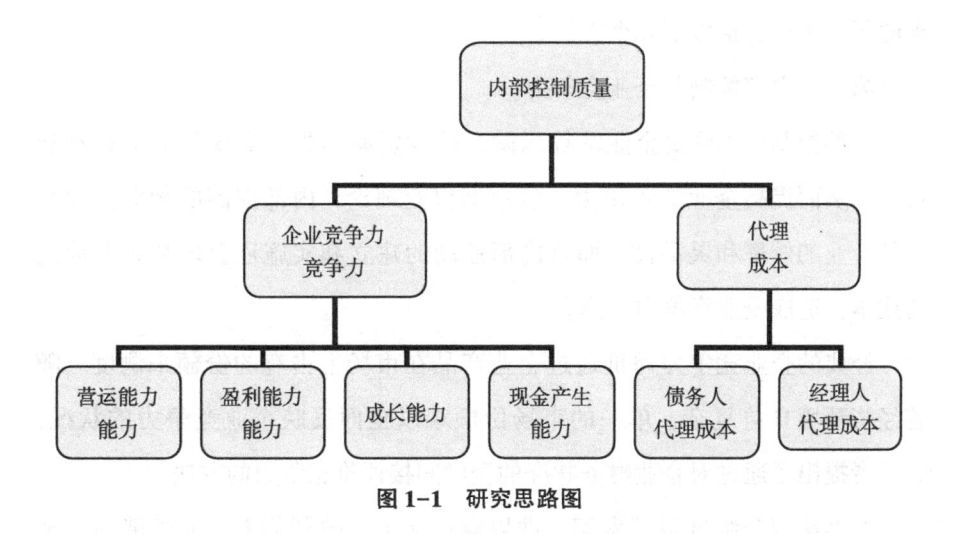

图 1-1 研究思路图

内部控制最初的形式是内部牵制，是由企业规模的扩大和劳动分工的细化、是为了保护财务的安全而形成的一种机制。随着经济的不断发展，企业形式越来越复杂，分工越来越细致，企业的所有权和经营权分离，对财务报告质量要求不断提高，从而导致了由投资者和外部监管机构推动了内部控制建设和披露制度的强制性要求。但上市公司管理层对于内部控制的认可度并不高，德勤 2009 年对上交所部分上市公司的问卷调查和访谈显示，仅有29.41%的企业认为，加强内部控制有助于企业监控并降低成本。本书从管理视角和代理视角出发，针对内部控制期望实现的目标，通过市场上的公开数据，在对内部控制建设和执行的质量进行评价的基础上，研究内部控制实施对企业竞争力和代理成本的影响。

1.4 研究内容与框架

本书从上市公司自我评价报告和审核报告为基础的内部控制质量评价出发，研究内部控制建设和实施所带来的经济效果。关于内部控制经济后果的研究主要包括以下几个方面。

第一，内部控制与企业竞争力。

内部控制可以帮助企业掌控风险，减少资源损失，实现其业绩和利润目标，从而提高企业的竞争力。但根据权变理论，内部控制的相对固化会降低企业的效率和灵活性，而且内部控制的建立和实施还会增加企业的运营成本，造成企业竞争力下降。

经典的企业竞争力评价通过企业产品在市场上占有的份额来测度。随着经济环境日益复杂，单一的市场份额难以全面反映企业竞争力的状况，有学者提出了通过对企业财务状况的测度间接评价竞争力的方法。

本书从四个维度进行考察，即以营运能力、盈利能力、成长能力、现金产生能力的数据进行实证检验，分析内部控制的增强是否可以有效地提高企业的竞争力。

第二，内部控制与代理成本。

对我国上市公司的内部控制体系的建设和实施是否可以缓解企业的两种代理冲突的研究，即上市公司内部控制对所有者与经营者间代理冲突和所有者与债权人间的代理冲突的缓解作用，是深入认识内部控制目标和作用的重要途径。

本书用从债务代理成本和经理人代理成本作为上市公司代理成本指标，分析内部控制是否可以有效的降低企业的债务代理成本和经理人的代理成本。

本书分为六章，共三个部分。

第1章、第2章是第一部分，属于导入篇。第1章是前言，阐述本书所要研究的问题、目标、思路、内容、方法，以及本书的结构和研究样本。第2章是文献综述，对相关的文献进行回顾和评价，阐述相应的理论基础，提出研究的问题。

第3章是第2部分，属于本书的理论分析部分，从理论角度分析内部控制可能带来的经济后果。

第4章、第5章是第三部分，属于本书的实证部分，以我国上市公司数据为基础，检验内部控制对企业竞争力和代理成本的影响。第4章研究内部控制对企业竞争力。企业竞争力从营运能力、盈利能力、成长能力、现金产生能力四个维度考察。第5章研究内部控制对代理成本的影响，包括对债务代理成本和经理人代理成本的影响。

第6章是第四部分，属于结论和建议部分，是对全书的总结，并提出政策性建议。在总结全书的基础上，指出本研究的局限及将来的研究方向。

1.5 研究方法与研究样本

本书在整理前人研究成果的基础上，从系统科学的方法论出发，运用管理学、信息经济学等多学科交叉的理论和方法，以定性分析为基础，结合多元回归分析的定量数理统计分析方法，全面系统地分析内部控制对企业竞争力、企业风险和业绩评价的作用和影响。在论证中，主要采用以下研究方法。

1.5.1 文献学习法

广泛收集国内外内部控制及其经济后果的具体资料和相关文献，对其架构进行梳理，找出研究空白点。

1.5.2 规范研究方法

在理论分析和假设提出等部分，采用规范研究方法，从中国特定的制度背景出发，结合国内外相关研究进行分析和论述。在对数据进行分析的基础上，结合实证研究的结论进行分析和研究，以丰富内部控制的理论研究。

1.5.3 实证研究方法

本书选取中国 A 股市上市公司为研究对象，首先，运用综合分析法在对反映内部控制质量的自我评价为基础的指标和以外部相关信息评价为基础的指标综合计分；然后，采用多元回归方法对内部控制质量与企业竞争力、企业代理成本相关关系进行实证检验。

1.6 创新与贡献

（1）以往对内部控制经济后果的研究多集中于财务报告视角，对于基于管理视角研究内部控制经济后果的研究较少，一般是研究内部控制对企业业绩或者绩效之间的相关关系，缺乏关于内部控制对于企业竞争力影响的研究。本书通过检验内部控制质量与企业竞争力的相关关系，丰富了内部控制经济效果研究的文献，为内部控制建设与实施提供经验证据的支持。

（2）通过研究内部控制质量对托宾 Q 值的相关关系，发现我国上市公司的内部控制建设并没有得到市场的认可。该结论为内部控制建设和实施在证券市场的信号传递功能方面的研究提供经验证据。

（3）通过内部控制质量与代理成本相关关系的研究，发现我国上市公司内部控制并未有效地降低债权人和所有者之间的代理问题，也未有效地降低所有者与经营者之间的代理成本，为委托代理理论提供新的经验证据。

第 2 章 文献综述

2.1 内部控制经济后果研究文献综述

美国学者梅约（2000）把内部控制研究❶分为三大方面："其一为微观层面审计学视角的内部控制研究，主要关注业务循环与规范交易问题；其二为中观层面组织学视角的内部控制研究，重点探讨组织内部权责配置及各部门控制问题；其三为宏观层面经济学视角的内部控制研究，聚焦研究市场及宏观督导对公司控制的影响。"

美国 2002 年颁布的"萨班斯法案"（SOX），强制要求上市公司披露其内部控制信息。作为公司透明度建设重要组成部分之一的内部控制信息的强制性披露，是内部控制的研究里程碑式的事件。"萨班斯法案"的颁布，为内部控制的实证研究提供了大量的公开数据。其后的研究多为内部控制披露方面的研究。国内的研究，在 2005 年证监会发布了《关于提高上市公司质量的意见》❷ 后，也大多集中于对内部控制披露方面的研究。

对于内部控制产生的经济后果，一般从管理层面和财务报告层面进行

---

❶ 所有内部控制相关的研究，并不局限于实证研究。
❷ 该《关于提高上市公司质量的意见》中要求上市公司对内部控制制度的完整性、合理性及其实施的有效性，进行定期检查和评估并披露相关信息。

考察。对于管理层面经济后果的研究主要是从企业绩效、资本成本和高管激励的角度考察内部控制；而对于财务报告层面经济后果的研究主要是从会计信息质量、外部审计等角度来考察内部控制。

2.1.1 管理层面经济后果的研究

（1）从内部控制与企业绩效的角度进行的研究

内部控制实施的目的之一是提高经营效益和效果。高质量内部控制应该能为企业带来更好的业绩，投资者投资于这样的公司应当能够得到更高的股票回报。国内外学者均为内部控制与企业绩效的关系进行过实证研究。

布赖恩和利林（Bryan & Lilien，2005）研究发现，有重大内部控制缺陷的公司与同行业的其他企业相比业绩更差。艾利克斯·唐和徐力（Tang and Xu，2007）通过研究内部控制缺陷对未来业绩和股票回报的影响发现，有实质性内部控制缺陷的企业未来业绩和股票回报更差。曾迟洋（Tseng，2007）以708家披露了内控缺陷的企业作为样本，研究发现内部控制较弱的企业，具有较低的市场价值。杜墨斯和耐可（Deumes & Knechel，2008）研究发现，与那些未披露内控缺陷的公司相比，披露有内控缺陷的公司成本更高。

杨有红、胡燕（2004）指出，我国内控制度研究的方向已经从为审计服务向完善公司治理结构，提高企业组织绩效的方向逐渐转变。林钟高、郑军、王书珍（2007）建立了内部控制评价指数，通过研究2005年沪深两市上市的300家公司，研究内部控制质量与公司价值的关系。研究发现，其所设计的内控指数同托宾Q值存在正相关关系，内部控制的建设和完善对企业价值有正向促进作用。张川、沈红波、高新梓（2009）以房地产公司为作为样本，研究发现企业内控的建设、实施和落实能够提高房地产企业的公司业绩有显著作用。路晓颖（2011）对通过内部控制对上市公司并购绩效的影响的研究发现，内部控制不论对并购交易绩效还是整合绩效均具有显著的影响。

（2）从内部控制与资本成本角度进行的研究

债券评级机构以财务报表信息来评估企业的流动性和长期偿付能力，以此来决定债务利率。一方面，高质量的内部控制能够提高财务报告的可靠性和透明度，从而降低资本成本；另一方面，内部控制可以降低企业的风险，在资金供给者对其进行风险评估时，会以内部控制的健全程度为基础确定融资成本。奥格纳瓦（Ogneva，2007）通过重大内部控制缺陷与权益资本成本之间关系的研究发现，那些存在有重大内控缺陷的公司资本成本相对较高。

阿什宝（Ashbaugh，2009）研究发现，存在内控缺陷的公司与没有内控缺陷的公司相比，风险和资本成本更高。萨米尔、光和鲁道夫（Samir，Kwang and Rudolph，2011）的研究结果显示，内部控制缺陷的披露与债务评级显著相关，降低了未偿付债务的等级。

（3）从内部控制与高管业绩评价、高管变更角度进行的研究

内部控制建设与完善是高管的责任。《企业内部控制基本规范》要求："董事会应当充分认识自身对企业内部控制所承担的责任，加强对本企业内部控制建立和实施情况的指导和监督。"内部控制失败会给高管带来声誉上的损失，甚至是被迫离职。

斯特拉恩（Strahan，1998）研究发现，证券诉讼与首席执行官变更存在正相关关系。吴本威（Goh，2007）的实证研究结果是，公司的高级经理人员、审计委员会成员和外部董事在公司的重大内部控制缺陷被发现以后，均遭受了明显的声誉损失。阿格拉沃和尔库珀（Agrawal and Cooper，2007）、德赛等（Desai etc，2006）研究发现，报告重述的公司与其他企业相比，高管的变更率更高。

卢锐、柳建华、许宁（2011）对内部控制质量与高管薪酬业绩敏感性进行实证检验，结果显示内部控制质量越高的公司，其管理层薪酬业绩的敏感度也越高，国有控股上市公司的内部控制质量和薪酬业绩敏感度之间的协同性比非国有控股上市公司更加显著。进一步研究显示，随着时间的推进，上市公司内部控制质量与高管的薪酬业绩敏感性关系更为密切，这说明内部控制的质量在不断提高。

2.1.2 财务报告层面经济后果研究

（1）从内部控制质量与会计信息质量的角度进行的研究

内部控制理论支持高质量的内部控制可以提高会计信息质量，低质量的内部控制可能会降低会计信息质量。低质量的内部控制中存在的问题可能会影响企业会计信息质量。一方面，可能因经理人操纵盈余（如缺乏相应的监控）影响应计利润的质量；另一方面，可能出现未预料到的错误（如缺乏经验、缺少必要的复核等）。

道尔等（Doyle Ge and McVay，2007）以至少有一个内部控制实质性缺陷的705家公司作为样本，检验盈余管理与内控之间的关系。研究发现，内控缺陷一般与无法带来现金流的较差的应计项目相关。阿什宝（Ashbaugh，Collins and kinney，2008）调查了内部控制缺陷及其补救措施对盈余管理的影响。研究发现，披露重大内控缺陷的公司应计质量（采用超额应计的绝对值和应计噪音进行计量）更低。内部控制缺陷更有可能会导致非故意错误比故意的错误而增加更多应计的噪音，造成了向上的盈余管理。李明辉等（2003）通过分析上市公司所披露的内部控制情况，认为我国上市公司内部控制信息中有效信息含量比较低，没有全面系统地反映其内控的情况，但在一定程度上也反映了内部控制信息披露与财务报告质量、公司质量之间存在一定的关联。方红星、金玉娜（2011）以2009年度A股非金融类上市公司为样本，探讨高质量内部控制对盈余管理的影响。结果表明，高质量内部控制能够抑制公司的会计选择盈余管理和真实活动盈余管理，内部控制鉴证报告的公司盈余管理程度更低。

吴本威等（Goh and Li，2011）检验了内部控制与谨慎性（损失确认的及时性）的关系。研究结果显示，两者是正相关关系，并且对内控缺陷进行补救的公司比仍保持其内控缺陷的公司更加谨慎。齐保垒等（2010）以2007—2008年中国A股上市公司为样本，从会计稳健性、应计质量和会计信息价值相关性三个视角，考察内部控制缺陷与会计报告信息质量的关系。研究结果表明，发现有内部控制缺陷的公司，其会计稳健性和应计质量均显著低于不存在内部控制缺陷的公司，但是这两类公司会计信息价值相关性的差别并没有得到很好的证实。

但是也有一些学者认为内部控制缺陷与财务信息质量之间没有显著关系。霍根（Hogan，2005）等利用 Dechow & Dichev 模型，对存在内部控制实质性缺陷的公司与不存在内部控制实质性缺陷的公司的应计质量的关系进行研究后发现，这两类公司的应计质量不存在显著差异。贝达德（Bedard，2006）发现，存在内部控制缺陷的公司与不存在内部控制缺陷的公司相比，应计总额的绝对值没有显著差别，但是内部控制缺陷公司的超常应计的绝对值要高于对照公司。

（2）内部控制是从审计费用、审计师变更的角度进行的研究

现代审计是以内部控制评价为基础，当内部控制风险增加可能会导致审计费用的提高、审计师的变更。拉格胡南丹和哈玛（Raghunandan and Rama，2006）以660家制造企业为样本，研究了审计收费与根据"404号条款"披露的内部控制缺陷的关系后发现，"404号条款"颁布后，2004年的审计收费均值要比颁布前2003年的高86%，披露实质性内控缺陷的企业审计费用（2004）比未披露的企业高43%，而2003年并无区别。霍根和威尔

金斯（Hogan and Wilkins, 2008）对 2003 年与 2004 年美国的内控披露与审计收费关系进行比较后发现，审计师会对披露重大内部控制缺陷的企业收取更高的费用，可能是由于内部控制存在重大缺陷的企业，其风险可能更高。

严虹（Yan, 2007）认为，较高的审计风险除了导致审计费用增加外，还可能导致审计师的变更。这里可能存在的原因有很多，一是内部控制存在缺陷的企业可能存在较高的财务风险，从而给审计师带来审计风险，审计师为了规避风险可能会放弃审计；二是内部控制存在缺陷的企业可能会导致审计师出具负面的审核意见，对内控缺陷予以披露，因此客户可能主动放弃审计师；三是客户为了得到满意的内部控制审核意见，可能会通过更换审计师的方式来解决。

2.2 内部控制质量评价文献综述

内部控制并不是一个具有物理特征的事物，无法通过观察和测量对其质量进行准确的计量。对作为一个抽象指标的内部控制质量进行计量前，需要设定一个评价标准。目前，对内部控制的评价标准，理论界和实务界均没有形成一个统一的意见。由于国外和国内对内部控制披露的要求不同，度量内部控制质量的指标也有所不同。

2.2.1 国外文献中的内部控制质量评价指标

国外实证研究中的内部控制质量评价指标大致可以分为三类。

第一类是将会计师事务所披露的重大内部控制缺陷作为衡量企业内部控制质量的指标。

"萨班斯法案"的 302 条款和 404 条款要求在美上市的公司管理层应当

对内部控制的有效性进行评价。在此基础上，定期披露内部控制报告，同时要求审计师为上市公司提供内部控制鉴证服务并出具内部控制鉴证报告，并应当在报告中披露具体实质性内容的重大内部控制缺陷。此类研究认为，披露了重大内部控制缺陷的上市公司内部质量较差。

第二类是以内部控制披露指数作为衡量企业内部控制质量的指标。

国外很多学者根据企业自愿披露的内部控制信息为基础，构建评价内部控制质量的指标。比较具有代表性的包括鲍特森（Botosan，1997）披露指数和莫兰德（Moerland，2007）内部控制指数。Botosan 指数是以 122 家制造企业自愿披露的内部控制信息为基础，借鉴 AIMR 报告❶排名，构建了内部控制披露指数，并用这个披露指数实证检验了内部控制质量对权益资本成本的影响。莫兰德（Moerland，2007）为了研究内部控制披露的影响因素，建立了用以度量内控质量的指数。该指数是以企业所披露的内控报告的内容为基础，从九个方面对其赋值进行计算而得到的。莫兰德（Moerland，2007）利用该指标对 2002 年到 2005 年芬兰等北欧五国的内部控制披露的影响因素进行研究。经过实证分析发现，宏观层面和微观层面的因素对内部控制披露都有影响。宏观层面的因素是法规及管制，微观层面的因素是所有权结构、规模、经营的复杂性这些与代理成本和信息不对称相关的指标。

第三类是以内部控制目标的实现程度作为衡量企业内部控制质量的指标。

曾迟洋（Tseng，2007）从环境的不确定性、行业的竞争情况、公司的规模、公司的复杂性和董事会的监控五个方面构建了企业风险管理指数。环境的不确定性是由营业收入、R&D 支出与资本支出之和除以资产总额的比值，以及税前利润三个指标计算所得的指标代表；行业竞争是由市场占有率的平方和代表；规模是由资产平均总额的对数代表；公司的复杂程度

---

❶ The Association for Investment Management and Research，投资管理与研究协会。

选用的是公司分部的数量作为代表指标；董事会的监控方面选用的是董事的数量与营业收入之比计算所得的指标作为代表。

2.2.2 国内研究内部控制质量评价指标

在国内的实证研究中，对于内部控制质量评价指标大致也是分为三类。

第一类是披露指标。有些文献是以是否披露了内部控制自我评价报告作为衡量上市公司内部控制质量的指标（林斌、饶静，2009）。但这个指标在上市公司内部控制自我评价报告的披露成为强制性要求，就不再具备信号传递的功能。还有文献采用是否披露了会计事务所出具内部控制审核报告或者鉴证报告，作为衡量上市公司内部控制质量的指标（方红星、金玉娜，2011）。

第二类是根据内部控制自我评价报告和年报中所包含的关于内部控制的信息，设置指标来对内部控制的建设和实施情况计分，以此来衡量上市公司的内部控制质量。何建国2011年根据五要素设计了12个指标，对上市公司内部控制自我评价报告的内容进行打分衡量内部控制质量。深圳市迪博企业风险管理技术有限公司自2008年开始根据五要素设置了五十多个指标，根据上市公司披露内容进行打分，对比衡量内部控制质量。

第三类是通过调查问卷的方式对企业内部控制质量进行调查。以企业对内部控制建设和实施设置特定的指标进行自评的结果，作为衡量企业内部控制质量的指标。张川、沈红波、高新梓（2009）通过调查问卷的方式，检验了内部控制质量对企业绩效的影响。

第四类是基于内部控制目标的实现程度设计指数，来衡量内部控制质量。张先治、戴文涛（2011）提出了三个层次的目标。王宏、蒋占华等（2011）基于内部控制目标的实现程度设计内部控制指数、基于内部控制的重大缺陷设计内部控制修正指数，最后综合内部控制基本指数与修正指数确定上市公司的内部控制指数。

2.3 文献评述

在"萨班斯法案"颁布前，由于内部控制数据的缺乏，对内部控制的研究大都集中在基础理论的研究，实证研究稀少。"萨班斯法案"颁布后，美国证监会要求在美国上市的公司提供内部控制重大缺陷报告，为研究者提供了可以量化内部控制质量的变量，因此国外涌现出大量关于美国上司公司的内部控制实证研究。我国的研究也是如此，自从上交所和深交所先后要求其上市公司提交内部控制自我评价报告，以及会计师事务所提供的审核报告或者鉴证报告后，学术界对内部控制的实证研究兴趣浓厚。

目前国内针对内部控制的研究存在以下一些问题。

第一，国内学者对内部控制的研究多采用规范研究方法。我国最早由上交所于2006年开始要求上市公司提供内部控制自我评价报告开始，上市公司的内部控制质量指标量化才开始出现，以前只在年报中披露少量关于内部控制的信息。

第二，目前，对于内部控制的实证研究一般分为两类：一类是研究影响内部控制质量的因素；另一类是内部控制对企业及企业的利益相关者带来的影响，也就是研究内部控制的经济后果。对有关内部控制经济后果的研究，目前仍未形成统一的意见。内部控制影响的范围、效果均需要进行更深一步的研究。现有文献从企业价值、经营业绩、盈余管理、企业风险等角度对内部控制的经济后果进行了阐述，但很少有文献系统地围绕企业竞争力来探讨内部控制的经济后果。研究内部控制的经济后果，一方面有望探索提高企业竞争力的途径，另一方面可为现有关于内部控制经济后果的争议提供有用的视角。现有文献对内部控制经济后果的研究大多侧重于对会计信息质量的研究，从管理视角和代理视角的研究较少。

第三，目前内部控制质量度量指标存在争议。有学者认为，我国内部控制信息披露流于形式，很少有上市公司披露其内部控制缺陷。我国对披露内部控制自我评价报告的强制性要求是在 2008 年开始的，由上交所和深交所各自对在其上市的公司分别提出要求。但对于披露由会计师事务所所提供的内部控制的鉴证报告并不是强制性的，而是由其自行决定是否披露。因此，上市公司的内部控制自我评价报告已经不具备信号传递功能，不能作为评价内部控制质量的指标。而会计师事务所所出具的鉴证报告由于其自愿性，具备信号传递功能，可以作为衡量内部控制质量的目标。从我国目前的上市公司所披露的自我评价报告和鉴证报告可以看出，极少有公司披露重大内部控制缺陷，也极少有会计师事务所出具非标准的鉴证报告。因此，在我国无法用会计师事务所披露的重大内部控制缺陷作为衡量企业内部控制质量的指标。

因此，我们选用了两个指标来代表内部控制质量：一个是深圳市迪博风险管理技术有限公司的披露的内部控制指数❶，另一个是手工收集的上市公司是否披露了内部控制审核报告或鉴证报告。

---

❶ 以自我评价报告和年报为基础,对上市公司的内部控制打分。

第 3 章 理论分析

3.1 内部控制理论

3.1.1 内部控制界定

关于内部控制的定义与内涵至今仍未形成清晰和统一的认识。理论要有一整套完整的概念体系与框架体系，要有明确的内涵、外延和丰富的实践支持。但现有内部控制的内涵和外延的边界并不明确，内部控制理论与其相对应的实践并不十分吻合。

COSO 报告有对内部控制的定义："内部控制是由主体的各层次实施旨在为实现其主要目标提供合理保证的过程。"在我国，2008 年 5 月，五部委制定的《企业内部控制基本规范》对内部控制的定义比 COSO 的定义更为详细。但两者共同的特点就是定义模糊而不确定，并没有从本质上对内部控制进行定义。COSO 将内部控制定义为一种过程，显然无法对其内涵和边界进行明确，对于执行者来说没有可明确依据的标准。而我国内控基本规范是从内部控制的参与者、目标的角度进行定义，显然不符合定义的标准，而只是一个概括性的说明而已。

从一般意义上说，控制是指控制主体按照给定的条件和目标，对控制客体施加影响的过程和行为。"控制"一词，最初运用于技术工程系统。自从维纳的控制论问世以来，控制的概念更加广泛，它已用于生命机体、人类社会和管理系统之中。控制是一个很宽泛的概念或术语，因为实际上自然界中的任何事物都会受到不同程度的控制，但控制通常指的是有人参加的人机间的相互关系，也就是人工控制或没有明显人机关系的自动控制。在自然界和工程领域中，都存在非常广泛的形式多样的控制对象和控制过程，它们都可以用控制理论的方法进行研究。在经济领域中，也存在很多类似的控制对象和控制过程。一类特定的控制系统是利用反馈构成的系统，它的特点是对被控制的变量用传感器进行测量，然后把测得的形象反馈回来以对被控制变量施加影响。内部控制就是将这种反馈系统应用于企业的经营管理，它是在企业内部实施的，具有特定含义的系统。

因此，我们可以根据控制的定义来对内部控制进行界定。内部控制实际上应当是通过对相关信息的采集和加工，形成反馈系统，为了实现企业的目标和改善性能而采取的措施。企业的内部控制系统是属于可控系统，也是由控制部分和控制对象组成。控制部分是企业运营的各个部分，控制对象可以分为不同层级，但最终要落在作为企业运营执行个体的各种类别的员工。企业运营部分与受控对象通过企业内部信息系统形成双向信息流联系，决策者起控制器作用，将采集的数据进行变换，再通过信息系统传递到受控对象，从而产生控制作用。在这类可控系统中，各级决策者往往构成层级控制的结构。

内部控制是作为一种管理方法而产生和发展的，自内部牵制阶段开始，经历了五个阶段。在第三个会计控制结构阶段期间，出现了"内部会计控制"的概念，同时还出现了"内部运营控制"和"内部管理控制"两个概念。尽管对这两个概念的解释各不相同，但一般都把它们描述为内部会计控制以外企业中其他的所有控制。其实，虽然我们在"内部牵制"理论后才确立了内控控制理论，但是在管理学上，管理和控制的记载和概念可以追溯到更早的阶段。有关管理和控制的概念和理论实际上在泰罗❶之前就产生了。美国管理学家孔茨（Harold Koontz）和奥唐奈（Cyril Odonnell）考察了18世纪英国的瓦特（Watt）和包尔顿（Boulton）两人所制定的管理制度，其中涉及的管理控制的观念令当今的学者都感到惊奇。1911年，泰罗发表了其著名的《科学管理的原理》，提出了管理控制的概念，使用系统化的知识替代传统的经验法则，使得生产效率大幅度提高。而现代管理理论的真正创始人法约尔❷将控制看作管理的一项基本要素，并将管理控制理论系统化和科学化，确立了管理控制理论。20世纪中期，系统论和控制论的出现使许多学者开始从控制论和系统论的观点出发来研究管理控制理论，并使该理论得到了扩展。现代管理大师德鲁克❸提出的目标管理理论使管理控制理论得到创新与发展。美国企业战略专家钱德勒❹在《战略与结构：工业企业史的考证》中提出的战略理论，使管理控制理论从经营控制转向战略控制。20世纪90年代以来，随着管理信息系统的发展，出现了流程再造、价值链等许多新概念，再次丰富了管理控制理论。内部控制作为一种管理方法，在功能上是服从价值创造的。

内部控制主要帮助公司高级管理人员在开展公司业务过程中，实现公司利益最大化，并保证公司所有的活动都是在总经理授权情况下进行的。

---

❶ Frederick Winslow Taylor(1856—1915年)，美国古典管理学家，科学管理理论的主要倡导者，被后人尊称为"科学管理之父"。

❷ Henri Fayol(1841—1925年)，法国实业家，古典管理理论的主要代表人之一，也是管理过程学派的创始人。

❸ Peter F. Drucker(1909—2005年)，美国现代管理学家，被誉为现代管理学之父，第一次提出了"管理学"的概念。

❹ Alfred D. Chandler(1918—2007年)，美国伟大的企业史学家、战略管理领域的奠基者之一。

3.1.2 内部控制与其他理论的联系

（1）内部控制与系统理论

内部控制是一个完整的系统，内部管理理论服从于系统理论。系统理论是研究系统的特点和规律，并对其加以运用，使其服务于人类需求的理论体系。该理论认为，系统作为一个整体，它的各个部分之间及各个部分与环境之间都通过信息链条连接起来，形成一个自我循环的整体，彼此之间相互联系、相互制约。企业本质是由利益相关者缔结的一组合约，其生命力来自于利益相关者的相互合作。每个利益相关者以不同形式向企业投入其特定资产，用于创造"企业的剩余价值"。股东以实物资产、债权人以债权、雇员以专业性人力资产、经理人以异质性人力资本、顾客以顾客价值构成企业"剩余生产"的物质基础。企业各利益相关者均有权按照受益与贡献相匹配的原则，参与"企业剩余价值"的分配。各利益相关者对"企业剩余价值"的贡献是分配的标准，而雇员与经理人的贡献是需要其他利息相关者通过考察予以确定，而由于信息的不对称，导致各方产生利益冲突而无法达成利益一致。经理人和雇员较外部股东掌握较多的公司信息，雇员较经理人而言与企业利益的相关度更高，使其有能力和动力取得更高的监管效率。现代企业系统的上述特征决定了内部控制应通过正式的制度安排，以协调利益相关者的关系，实现决策的科学，从而确保利益相关者利益的最大化。从系统思维的角度出发，充分考虑内部控制中各方利益相关者的动态互动关系。这既要全面反映各要素的状况，又要充分考虑其内在的联系，使企业内部控制具有全面、系统和可行的特性，符合企业发展的规律。

（2）内部控制与权变理论

权变理论是以系统理论为基础，研究组织内的相互关系和动态活动及其适应性的结构的管理理论。它是20世纪中叶在经验主义学派基础上发展起来,以应变思想为中心而形成的理论。权变理论强调的是没有一成不变的管理,只有不变的管理变化。它的核心是系统内部各部分之间、内部与外部环境之间的联系作为框架,围绕联系的变化,随时进行管理上的调整,使得系统内部运转自如,与外部环境相互交融。权变理论认为,成功管理的关键在于对组织内外状况的充分了解和有效的应变策略。

权变理论的中心就是一个组织应当随着环境的变化而变化。内部控制系统在权变理论来看,其应当是一个可变的系统,当外界因素发生变化时,内部控制系统应当及时地进行调整,使内部控制系统适应外部的环境并发挥其应有的作用。但内部控制天然带有一定的滞后性,根据外部环境和自身特点设计实施了内部控制系统后,其所产生的固化作用与权变理论下的行为会产生冲突。

(3) 内部控制与公司治理理论

内部控制包括治理层面的控制和流程层面的控制。治理结构主要解决外部股东、内部股东、董事会与高级管理人员的关系,主要帮助董事会在开展业务过程中,实施董事会的战略,实现股东利益最大化。

内部控制是企业结构中用于监控整个管理层控制的业务活动的一个重要组成部分,以期得到良好的业绩。一般认为:"好的公司治理结构应当能够为董事会和管理层追求与公司整体利益和股东利益一致的目标提供足够的激励,从而促使企业更有效地利用现有资源。"对于内部控制,同样如此:好的内部控制应当能够促使管理层与股东目标一致,降低代理成本,实现企业价值最大化,从而提高企业的竞争力。因此,董事会有责任建立和健全内部控制制度,以确保组织目标的实现。

3.2 内部控制与企业竞争力理论

3.2.1 企业竞争力理论

关于竞争力研究的起源一般认为是亚当·斯密的社会分工论。1776年，英国古典经济学家亚当·斯密在《国富论》中提出了劳动分工理论，指出企业内部分工的性质和程度是限制规模经济效益的主要因素，专业化可提高生产率，导致产业在一定地域范围的集中。之后，英国古典经济学家大卫·李嘉图1817年在《政治经济学及赋税原理》中提出了比较成本理论，指出不同国家具有不同的资源禀赋条件，通过国际分工和交换可产生比较优势。20世纪80年代，迈克尔·波特在《竞争优势》中研究企业如何获取成本优势或如何标新立异，将竞争力的研究推向了高潮。

关于竞争力的理论有两个层次，第一层次是宏观层次，主要研究国家和地区间的竞争力；第二个层次是微观层次，主要研究企业的竞争力。本书研究的是企业竞争力。

(1) 企业竞争力的定义

英国企业、贸易和就业部对竞争力的定义是：企业一贯地和可赢得地比竞争者提供消费者更愿意购买的产品和服务的能力。美国竞争力委员会主席、摩托罗拉董事长兼总裁乔治·M·C·菲斯认为，企业竞争力是企业具有较竞争对手更强的获取、创造和应用知识的能力。

金碚（2003）认为，企业竞争力是指在竞争性市场中，一个企业所具有的能够持续地比其他企业更有效地向市场提供产品或服务，并获得盈利和自身发展的综合素质。

竞争力来源于企业为客户创造的超过其成本的价值的能力。对于竞力的内涵，可以从两个方面来理解：一是企业的长期盈利能力，二是企业在行业中的相对竞争地位。从第一个方面来讲，只有拥有长期盈利能力的企业，才能在如今竞争激烈的市场经济环境下生存下去，并稳定地发展壮大。企业通过规模的扩大，新技术、新产品的开发与应用等实现持续盈利，从而保持自身的竞争力，继而进一步提高竞争力。并非所有的企业都有均等的持续盈利的能力，长期处于非盈利状态的企业，生存问题都已成为需要迫切解决的问题，更无从谈及发展问题。从第二个方面来讲，企业在行业中的相对优势竞争地位、规模或者超额盈利能力，可以使其赢得价值链上游厂商和下游客户的信任。厂商更加愿意选择规模大、盈利能力强的客户，以保证其自身的稳定销售和正常收回货款。而对于客户而言，更愿意选择规模更大、信誉更好的厂商，以期获得更高质量、更好性能的产品。因此，企业可以从与上游厂商和下游客户的关系中赢得更大的市场规模和盈利能力。

(2) 企业竞争力的理论

企业竞争力的理论派别林立，各自都从不同的角度对竞争力进行阐述和界定。

①市场优势理论。

市场优势理论强调市场对于企业的作用，认为市场能力是决定企业竞争力的最重要的能力，市场占有率是企业最重要的指标和目标。市场优势不仅是企业竞争力作用的结果，而且是企业竞争力的来源，对企业盈利和价值增值起决定性的作用。一方面，市场优势是企业竞争力的结果，竞争力强的企业能够占据更多的市场，其市场占有率高，而竞争力弱的企业则无法获得市场优势。另一方面，市场优势也是企业竞争力的来源。企业能够通过自己的市场力量对竞争对手进行打压，甚至形成对整个市场的垄断。当企业拥有垄断地位时，可以对价格进行操控，从而获得超额的收益，这时市场优势就成为企业竞争力的根源。但是该理论存在的问题是，市场优势并不能完全代表企业的竞争力，其必须与盈利能力结合起来，市场优势再大，如果没有盈利，那么也无法形成企业竞争力。在竞争激烈的市场，企业为了获得市场优势，甚至需要丧失盈利，所以市场优势并不能成为完整评价企业竞争力的指标。

②成本优势理论。

成本优势理论强调成本优势在企业竞争力的作用，是李嘉图❶的比较优势理论在微观层次的发展。成本优势是指企业的全部成本或者特定成本低于行业平均水平或者低于竞争对手，企业通过成本优势获得超过行业平均水平或者竞争对手的盈利能力。成本优势的取得途径有很多，可以对价值链的整个链条逐一进行分析比较，寻找企业获得成本优势的途径。该理论从竞争力来源进行研究，从企业内部探寻竞争力的根源。科斯、威廉姆森、詹森（Jensen）、麦克林（Meckling）、法玛（Fama）等指出，企业竞争力的提高关键在于构建有效的制度结构，理顺生产过程中各个经济主体的经济利益矛盾，为企业运营建立有效的利益激励机制，降低交易费用。但该理论存在的问题是，成本的下降是有极限的，不能无限挖掘，随着竞争的加剧而难以维持企业盈利。

③企业管理理论。

企业管理理论主要研究如何通过计划、组织、控制、指挥、协调等职能，充分调动和利用组织的各种资源，从而以尽量少的投入提高效率、获得利润，实现企业目标。这一切都与培养企业的竞争力相关。该理论认为企业竞争力来自于比竞争对手更加有效的管理，企业的经营者可以通过提高管理基础以及采用新技术，在外部环境和内部资源的制约下，对各种资源进行优化和配置，并最终能以低成本、高效率而提高企业的竞争力。

---

❶ 李嘉图（David Ricado,1772—1823 年），英国古典政治经济学的代表。

④企业创新理论。

企业创新理论❶认为，企业的竞争力来源于创新。创新对企业竞争力具有决定性作用，当竞争对手无法或没有迅速察觉新的竞争趋势时，最先发明创新的企业可能因此改写彼此的竞争态势。也就是说，不断创新的企业将会具有强大的竞争力。

⑤企业能力理论。

企业能力理论强调从企业内部因素与条件出发来理解企业竞争力，倾向于将企业看成是一个能力体系。能力理论的起源一般认为是英国经济学家马歇尔1925年提出的企业知识基础论。普拉哈拉德和哈默尔1990年提出了"核心竞争力"的概念，认为面对全球化的新一轮竞争必须重新思考企业，管理者不应再从终端产品的角度看问题，而应从核心能力的角度看问题。

企业的核心能力最终决定着企业的持续竞争优势和经营绩效。持续的优势来源于组织内部价值链中各个环节的集体式学习，这样才有可能培育出核心能力。而有了核心能力才能发展核心产品，有了核心产品才能创造出一系列更为宽广的最终产品。掌握核心能力才是企业持续成长的关键。

⑥规模优势理论。

规模优势理论强调规模在企业竞争力的作用，在竞争条件相同的情况下，规模大的企业一般要比规模相对小的企业更容易获得成本优势、市场优势。企业的成本分为固定成本和变动成本，固定成本在规模扩大的情况下固定不变，因此随着规模扩大而使单位固定成本减少，从而降低成本总规模，取得超额收益。但企业生产经营有合理的规模限定，规模过大会增加新的成本，因此规模经济是在合理规模限定范围内的最大规模，可以提

---

❶ 约瑟夫·熊彼特(Joseph Alois Schumpeter,1883—1950年)在其《经济发展理论》提出了熊彼特经济模型,能够成功"创新"的人便能够摆脱利润递减的困境而生存下来,那些不能够成功地重新组合生产要素之人会最先被市场淘汰。

高企业的竞争力。该理论认为企业竞争力来自于生产的规模效果和经验效果。

(3) 影响企业竞争力的因素

无论是研究成本优势的竞争力、技术优势的竞争力，还是对市场优势的竞争力，都是竞争力的根源所在。影响企业竞争力的因素，即可以使企业获得和保持器独特的竞争力的因素。从这个角度来讲，可以从以下三个方面来解释。

①制度因素。

制度是一种社会博弈规则，是人们所创造的用以限制人们互相交往的行为的框架，它是规则、执行机制和组织，包括个人之间互相影响的行为准则和执行规则的组织。良好的制度可以使企业与外部环境和关键资源之间的联系得到强化，并可以从企业内部推动资源的充分利用和合理配置，保持企业整个系统运行的稳定，促进企业竞争力的提高。

②文化因素。

企业文化是企业在生产经营实践中逐步形成的，由全体员工认同并遵守，带有本组织特点的使命、愿景、宗旨、精神、价值观和思维模式，是企业在经营管理过程中创造的具有本企业特色的精神财富的总和。企业文化从内在约束和激励的角度影响企业的竞争力，好的企业文化可以使全体员工进行自我约束，增强自身的主观能动性；而不好的文化则会起到相反的作用。

③人力资源因素。

人力资源是一切价值与价值增值的源泉，企业各种资源的组合调用只能由人力资源来完成，竞争力的提升最终要由人力资源来实现。当知识创新在企业竞争力中越来越重要时，作为知识创新主体的人力资源在企业竞争力中的作用就显而易见。

④企业竞争力的评价

对企业竞争力的评价是一个非常复杂的问题。理论上对企业竞争力的研究往往是从企业内部开始，不同的理论对其认定的内容也有所不同，但对其量化时，从内部选取直接的指标存在难以量化的问题。因此，一般对于企业竞争力的评价均采用间接评价的方法。

经典的企业竞争力评价通过企业产品在市场上占有的份额来测度。随着经济环境日益复杂，单一的市场份额难以全面反映企业竞争力的状况，因此有学者提出了通过对企业财务状况的测度间接评价竞争力的方法。

金碚（2003）认为，企业竞争力最直观的表现是两类指标：一个是销售市场上的表现，即拥有更高的市场占有率；另一个是盈利能力上的表现，即长期拥有较高的盈利率。企业竞争力使企业能为顾客创造价值增值，包括满足顾客的独特要求、提供质量更加优良的产品或服务、提供价格更加便宜的产品或服务等，从而赢得顾客的认同。这种认同就会集中表现在市场占有率上。企业的逐利本性使企业竞争力在为顾客创造价值增值的同时，也在为自身创造价值增加，其结果也可以表现在长期的较高的盈利率上。

李友俊等认为，根据企业竞争力的本质内涵，企业竞争力评价指标体系反映企业的生存能力、发展能力、抗风险能力和科技开发能力。

中国社会科学院工业经济研究所和《中国经营报》通过问卷调查的方式，设计企业竞争力的评价指标，最后形成了被理论界和实业界认可度较高的十六个指标，构建了企业竞争力的指标体系。这十六个指标中包括十二个会计指标、一个技术指标和三个外界评价指标，用于衡量竞争力。

竞争是在一定客观条件下获得某种稀缺资源而进行的争夺和角逐活动。企业间的竞争，主要表现在为获得产品生产、销售的机会争夺生产和流通条件而进行的一种活动。企业竞争力是基于企业自身优势和竞争资源在过去和现在的市场中表现出优良业绩的内部支撑力。企业竞争力最终要表现为较其他企业更好地利用资源，达到企业价值最大化目标的能力。本书从四个维度对其进行评价，即以营运能力、盈利能力、成长能力、现金产生能力。这四个维度的指标基本反映了要求的生存能力和发展能力。

3.2.2 内部控制与企业竞争力理论分析

竞争力是企业生产和发展的基础，是企业管理的核心问题。从微观层面而言，竞争力是公司生存和成长的主要动因，是未来现金流增长的最重要的因素，是企业价值增加的根本所在。从宏观层面而言，国家竞争力是国家经济发展的引擎。因此，竞争力与公司发展乃至宏观经济波动息息相关。然而，已有的一系列研究表明，目前我国上市公司，尤其是竞争性行业企业的竞争力普遍不高。我国的企业原有的成本优势基础上的竞争力，随着青壮年劳力的减少、劳动力知识水平的提升，以及生活成本的不断提高，已经逐年在降低，这从国际企业大批向东南亚和非洲等地区外流就可以看出。因此，从企业内部挖掘潜力以提高我国企业的竞争力，成为中国经济发展亟待解决的现实问题。

内部控制体系建设最主要的目标是提高企业的经营效率和效果，其他所有的目标都是围绕这个中心目标进行的。可以看出，内部控制体系从其建设起源就是为了能够增强企业的竞争力，实现企业价值最大化。但内部控制体系在建设和实施中，会出现由于其制度固化和成本的增加而导致竞争力下降的情况。

3.2.3 内部控制对竞争力的增强效应

内部控制对企业竞争力有增强效应，通过对企业竞争力的提升，可以更好地实现企业经营和内部控制的最终目标，即实现企业价值的最大化。

胡大力（2007）等认为企业竞争力由四个维度决定，包括行业环境、企业资源、企业能力和企业知识。企业资源和企业知识是竞争力的基础，企业能力通过组织、配置内部的资源和知识，与外界的环境交互作用，将潜在的竞争能力转化为现实的竞争能力。而内部控制作为企业能力的制度基础，能够保证企业能力能与企业的资源、知识、外部环境相结合。内部控制是用小额的能量来对企业内部能量流转进行控制，通过对能量流转节奏和其各种特性的变化，使得能量在企业内部的流转能够顺应企业的战略目标，避免能量在流转过程中出现不必要的耗损。因此，适宜的内部控制能够促使驱动因子自发生长成为竞争力，成为企业持续发展的沃土。同时，通过自身对能量运转的掌控，也可将其转化为竞争力的驱动力。

现有的内部控制体系应当包括内部环境、风险评估、控制活动、信息与沟通和内部监督五个要素。我们研究内部控制对竞争力的影响，就从内部控制的这五个要素出发。

(1) 内部环境与企业竞争力

内部环境是企业内部控制的实施基础，一般包括企业治理结构、机构设置及权责分配、内部审计、人力资源政策和企业文化等，它直接影响企业内部控制的贯彻和执行及企业目标的实现，对其他控制系统起制约作用，是推动企业发展的引擎。

①内部制度建设与企业竞争力。

包括治理机构在内的制度建设，可以从企业外部环境和内部组织两个方面来促进企业竞争力的增强。

包括治理机构在内的制度建设，可以使企业与外部环境和关键资源之间的联系得到强化。高质量的治理结构和制度建设可以提升企业在投资者心中的形象，从而更易筹集资金并取得较低的资本成本。制度完善的企业更容易获得上游厂商和下游客户的信任，从而获得成本优势和市场优势。

而外部监管机构往往根据企业的制度建设情况而确定对其的监控力度，从而可以降低被监督的成本。

制度建设可以从企业内部推动资源的充分利用和合理配置。法治和人治在法学与政治学中是两种基本的治国方法，应用到企业中就是制度管理和人治两种管理策略。制度化的企业是按照规定的制度而运行的企业，各层次的人员，不论是普通员工还是高管，其权利与责任都是制度所赋予的。这使得企业内部的物质资源、人力资源和无形资源都可以按照一定的规则运行。因此，内部控制可以保持整个企业系统运行的稳定，提高企业的竞争力。

②人力资源与企业竞争力。

根据马克思的政治经济学，人的劳动力是一切价值和价值增值的来源。随着知识经济的到来，现代企业的竞争从根本上来说是人的竞争。企业各种类型的竞争力最终要靠人来实现，因此人力资源对于企业竞争力而言至关重要。制度可以模拟，而人的能力却各有不同，能力相似的人付出的努力程度也不同。人与机器最大的不同就在于其所具有的能动性和不稳定性。处于不同的环境，相同的人发挥的能力也不同。内部控制对于人力资源的作用在于：一方面可以通过岗位设置、授权监督等方法，使不同素质的人也可以做出相同的成果；另一方面，与激励的结合可以激发人的潜力。通过这样的机制，内部控制可以使人力资源这个缺乏稳定性的因素保持稳定向上的输出。

内部控制中的人力资源政策，可以提高人力资源的合理配置，为每个岗位安排适宜的人员，并通过培训、奖惩措施提高员工的能力并调动员工的积极性，促进企业竞争力的提升。而对掌握重要商业秘密的员工离岗的限制性规定，则可以避免核心竞争力的流失或商业秘密泄露带来的损失，从而削弱企业的竞争力。

③企业文化建设与企业竞争力。

企业文化就是企业信奉并付诸实践的价值理念，是从内在约束和激励人的价值理念。它是企业制度与经营战略得以实现的重要思想保障、是企业制度创新、经营战略创新的理念基础，是企业活力的内在源泉，是企业行为规范的内在约束。

企业文化是企业制度与企业经营战略在人的理念上的反映，是从内在约束和激励人的价值理念。因此，企业文化是一个涉及企业能否高效发展的极其重要的问题。企业文化包括企业形象文化、企业制度、行为文化和企业精神文化。企业文化是竞争力的精神来源。

内部控制对文化建设提出要求，通过内部控制建设与企业特性相匹配的企业文化，能够促进企业经营绩效的提高，在企业中形成巨大的凝聚力，推动企业的发展。内部控制能够通过对企业文化的引导作用，使企业文化在形成过程中融合企业的特色，并要求文化能够与整个内外部环境向匹配，促进企业竞争力的发展。

④社会责任与企业竞争力。

提高企业的社会责任不仅可以提升企业社会形象，而且能获得进入国际市场的通行证，提升企业的长期盈利能力。企业越是注重社会责任，其产品和服务就越有可能获得更大的市场份额，从而提高企业的竞争力。

企业的社会责任有许多方面，包括安全生产、质量管理、环境保护、职工权益保护等。在当今社会中，这些方面都应得到有效的加强。企业社会责任涉及的是长期利益和短期利益问题。如果只注重短期利益，无视社会责任，不仅会带来声誉的损失，还有可能发生安全事故赔偿、消费者赔偿、环境污染罚款等方面的巨额损失。从长期利益着眼，虽然当下对于社会责任的支出增大，但通过企业社会形象的提升，未来在市场中的主动地位都可以增加企业的价值。

(2) 风险评估与企业竞争力

风险评估是指企业及时识别、系统分析经营活动中与实现内部控制目标相关的风险，合理确定风险应对策略。现代的内部控制理论是建立在风险框架之上的，内部控制以风险为导向，通过对风险的评估，明确可接受风险的程度。

风险对于企业竞争力而言并无好坏之分。企业在实现其目标的经营活动中，会遇到各种不确定性事件。这些事件发生的概率及其影响程度是无法预知的，这些事件将对经营活动产生影响，从而影响企业目标实现的程度。这种在一定环境下和一定限期内客观存在的、影响企业目标实现的各种不确定性事件就是风险。简单来说，所谓风险就是指在一个特定的时间内和一定的环境条件下，人们所期望的目标与实际结果之间的差异程度。面对相同的风险，不同的企业可能有不同的应对手段。由于各种不确定因素的存在，任何企业、企业的任何活动都会存在或者面临风险。企业只有及时地采取相应的措施来控制风险，才能够应对各种突发事件，有效地避免或者降低风险给企业带来的损失，实现企业的健康发展。正确地应对风险问题，可能从风险中抓住机会，增强企业竞争力，获得超额利润；而不能正确地应对风险问题，则会给企业造成损失，降低企业竞争力。正确应对风险的前提就是进行充分的风险评估和管理。风险评估通过主动行为，识别和分析实现企业目标的相关风险，为风险管理奠定基础。

(3) 控制活动与企业竞争力

内部控制体系中的控制活动是风险评估的基础，采用手工控制与自动控制，以及预防性控制和发现性控制结合的方法，运用一定的控制措施，将企业的风险控制在其可承受的范围之内。我们日常所讲的控制措施主要包括不相容职务相互分离、授权与审批、会计系统、预算控制、财产保护、运营分析以及绩效考评等。

控制活动是内部控制中一个非常重要的组成部分，它实际上构成了内部控制体系的主体部分。企业内部控制系统得以运作实施，必须依靠一系列的控制活动。

对业务流程缺乏相应的控制程序，权责分配不当，权力缺少有效的制衡，会给企业带来秩序混乱、经营失调，从而给企业造成损失，带来竞争力的衰退。

（4）信息沟通与企业竞争力

内部控制体系要求企业建立信息与沟通制度，确定收集、处理和传递内部控制相关信息的程序，保证信息的及时沟通，为决策提供可靠的依据，从而促进企业内部控制程序的有效运行。

人类社会已经步入了信息时代，信息在人们经济生活中发挥着越来越重要的作用。信息及时传递及有效沟通已经成为企业在竞争中胜出的关键。企业管理所需要的信息，不仅包括来自于外部环境的战略性、决策性信息，还包括来自企业内部的战术性的日常业务活动信息。现今，我国大多数企业均以建立了企业信息管理系统。其中，应用最普遍、最广泛的就是会计信息系统。但存在的问题是，企业信息系统利用的效率从总体上来说并不高。企业信息传递与沟通环节仍然存在障碍，没能达到预计的效果。

（5）内部监督与企业竞争力

内部控制体系要求制定内部监督制度，应当建立内部审计机构（或者经过授权的其他监督机构），并明确内部审计机构和其他内部机构的监督职责权限，规范内部监督的程序、方法和要求。

内部监督就是对企业内部控制的整体框架和运行情况进行的跟踪、监测和调节，以确保内部控制系统自始至终均具有有效性。因此，企业应加强对内部控制的监督。由于我国的内部控制起步较晚，与国外的企业相比，我国企业的内部控制监督的有效性差距很大，这种差距主要表现在内部审计在内部控制中的作用。我国的内部审计主要存在的问题是缺乏独立性与权威性。控制分为手工控制和自动控制，随着内部控制理论与实践的进一步发展，企业自我控制成为企业内部控制的一个新的趋势，其目的就是使企业提高内部控制的自我意识。企业应当积极主动地了解现存内部控制存在哪些缺陷及其可能发生的后果，然后采取相应的行动去改变这种状况，从而实现加强管理、提高效率、控制风险的目的，更好地实现企业的内部控制目标。

3.2.4 内部控制对竞争力的削弱效应

内部控制对企业竞争力的作用并不只有增强效应一个方面，辩证法要求我们应从多方面看问题，内部控制对企业竞争力也存在削弱作用。内部控制可能从三个方面会对企业竞争力产生削弱作用。

（1）内部控制泛化和固化与企业竞争力削弱

竞争力使企业在为客户创造的超过其成本的价值的过程中，获得超过竞争对手或行业平均水平的盈利能力。企业的竞争力源自运用这种竞争对手所不具备的优势资源或者优势能力。竞争力是企业生产和发展的基石，学术界与实务界对竞争力衡量的争论不断，至今没有统一的意见。企业竞争力的形成机理非常复杂，它的来源、路径、方式都各不相同，很难用定量模型的方法进行衡量。企业竞争力来源的关键因素不仅取决于其内部所拥有的独特资源，还取决于宏观经济发展阶段和行业的竞争格局。在工业化的初期，规模和组织效率决定了企业能否取得竞争优势。规模越大的企业越容易取得竞争优势，而组织效率的提高可以为企业赢得盈利的水平和机会。在工业化后期，由于市场的全球化和专业化，规模的扩大和效率的提升均没有做够的空间，迫使企业转向市场导向。在信息时代，知识创新成为企业竞争力的主要来源，知识和技术的落后会迫使企业脱离市场，被市场淘汰。从竞争力源泉的历史发展来看，重心逐渐从容易控制的因素转向不易控制的因素，从较为固定的因素转向多变的因素。企业对竞争力源泉的掌控随着宏观经济环境的变化而越来越困难。

竞争力是实现企业目标的核心，企业的长期战略应当围绕增强其竞争力展开。企业制度是实现战略目标的基础和保障。企业的竞争力只有在制度环境中才能够进行培育和提高。内部控制作为制度的重要组成部分，应当为提高企业竞争力发挥基础性的作用。然而，内部控制作为一种制度，其从本源与功能上都与企业竞争力的性质背道而驰。内部控制是对内的压抑，而企业竞争力是对外的发扬。现代企业的管理难度日益增大，所有权与经营权之间的分离程度不断增大，所有权的形式越来越复杂化、分散度越来越扩大化，而经营权也逐步走向离散化。内部控制试图通过其规范作用，使各种权力、责任和利益相互匹配、相互制衡，以期降低企业的经营风险，提高企业的竞争力。因此，内部控制在其发展过程中不断微观化、细致化、复杂化。内部控制已经成为一个复杂的管理问题，使企业管理活动正在向分割和僵化的方向发展，对企业竞争力产生消极而负面的影响。

①内部控制对企业效率的限制。

有学者认为效率是企业竞争力的核心，是创造顾客价值的重要来源，效率的低下会削弱竞争力。当前，企业竞争已经从数量竞争过渡到质量竞争时代，企业作为一个有机的整体，决定其组织效率的关键因素不仅包括劳动生产率的提高，还包括员工的态度、团队学习能力、对外界变化的应急机制等多方面的内容。而现有内部控制过分强调了企业机体内个体之间的结构关系，将员工和团队固化在其限定的范围内。压抑的能动性、降低对外界变化的敏感度，使企业出现机械化的趋势，无法适应市场和外部环境的变化和发展。只有求新求变才能顺应时代。在当今多变的经济环境中，企业革新成为企业组织效率提高的主要推动力，但这种变革会给企业权责及结构带来重大的变化。内部控制的固化会与这种变化发生冲突和碰撞，使公司变革难以推动下去。在变革成为主流的环境中，人的作用相对于制度的作用越来越突出。杰出的领袖、优秀的专业人才都可能成为一个企业的灵魂，其影响力可能突破了内部控制所能影响的领域。另外，随着全球市场竞争的加剧，多元化、规模巨大化的趋势已有所转向，企业出现了规模紧缩的趋势。回归核心业务、抛掉附属性和盈利贡献小的业务，成为很多企业的选择。准时制生产、专业化、第三方物流、职能外包等先进管理方式和管理模式不断涌现，企业焕发了创新价值的活力，但内部控制的泛化和固化会阻碍企业外延的发展。可以看出，作为一种企业的基本制度，内部控制的泛化和固化会在很大程度上抑制企业效率的提高。

②内部控制对知识创新的影响。

知识创新一方面可以为企业开拓新的市场、新的领域；另一方面还可以推动企业的组织创新，增加企业的活力。因此，知识创新现已成为企业竞争力最重要的源泉。但知识创新不仅能够推动企业的发展壮大，也有可能成为引发企业危机的诱因。创新由于其创造的是新事物、新方法，其应用结果的分析判断比现有事物困难得多。分析判断的失误会危害到企业，因此创新能力不仅取决于创新精神、创新文化，还取决于企业对待知识创新带来风险的态度。因为创新更注重的是未来的利益，未来利益具有不确定性，而内部控制的目的就是尽可能多地消除不确定性。内部控制作为一种制度规范，它只有产生制度文明的可能，但绝没有创造优秀的创新文化的可能。

③内部控制对企业市场发现能力的影响。

随着市场竞争的加剧，生产、交换、消费和分配等环节都不断地在扩展，市场不断地在细化。企业不仅要以需求为导向，还要创造需求。因此，发现市场、创造市场已成为企业竞争力的一个有力体现。越是竞争激烈的行业，越需要市场发现的能力。市场发现要求企业必经具有很强的专业性，并具有独特的观察力和敏感度。与此同时，它还要求企业斥资进行专项的市场调研，并能够形成统一的结论。重大的市场开发，涉及企业整个的战略决策，一线市场人员敏感度最高却无法触及决策；而掌握着重大决策权和资金使用权的股东及一般董事们，并不具备同样的专业性和敏感性。当双方或者几方发生方向冲突时，市场决策常常会陷入困境。在企业的投资决策中，市场开发投资的效果是最难评估的，风险也是最难以确定的，使得集体决策十分困难。内部控制使董事会在面临市场风险时，一旦过度考虑市场风险，则必然会丧失市场机会，最终导致被市场所抛弃。

综上所述，泛化和固化的内部控制可能会抑制企业竞争力的来源，从而导致企业竞争力的衰退。

(2) 风险规避与企业竞争力削弱

现代内部控制理论和实践都强调企业内部控制是以风险为导向的。虽然内部控制的风险管理目标已从"风险最小化"转向"将风险控制到可以忍受的范围之内"，但对待风险的态度仍然会从两个方面对价值创造和企业竞争力产生不良影响。

一方面，内部控制可能会导致贻误商业机会。在激烈的商业竞争中，能否捕捉商业机会对企业生存和发展来说至关重要。内部控制的分工授权、程序化的流程等，可能会导致企业错失稍纵即逝的商业机会。当然，这并不是说为了捕捉商机就不需要控制。问题是如何在捕捉商机与控制风险之间进行权衡。这一方面取决于对商业机会的风险和收益的预测，另一方面要依赖于决策者对待风险的态度。而内部控制会在企业内部形成谨慎的氛围，在对风险和收益预测时会选择保守主义❶。面对风险谨慎的态度，会使决策者为了避免风险而选择放弃；而对于竞争激励的市场，错失商业机会会使企业丧失竞争优势。

另一方面，内部控制为了进行风险控制，需要设计一套复杂而且烦琐的控制程序，以便将风险控制在可忍受的范围内。这会导致对市场的反应速度和能力下降，使企业决策和行动速度缓慢。人们对内部控制问题所引发的企业失败的关注其实并不全面，往往只注重缺乏内部控制而导致的企业失败，而忽视了内部控制过度的问题。实际上，内部控制过度的问题在现实中很常见。詹森（Michael C. Jensen, 2004）在观察了众多公司失败和重组的案例后发现，内部控制体制存在两大缺陷，即反应太迟和为了实施重大变革花费时间太久。内部控制过度的问题或许是由于内部控制最初就是为了"查错防弊"而设计的。直至目前，这仍是内部控制企业实践中最主要的目的。从企业为实现企业价值最大化的目标来看，"查错防弊"型内部控制体系其实是附加在企业内部管理系统中的。这必然会在企业内部增加控制程序，而且随着企业规模的扩大化和形式的复杂化，控制程度的层次和环节必然增多，进而导致企业的反应速度下降，降低企业的竞争力。

（3）内部控制的成本与竞争力削弱

COSO 整体框架中认为内部控制不是附加或由监管者强加的，因此内部控制不会增加成本，但实际上可能并非如此。在现实中，内部控制是附加的，会为企业带来额外的成本。张西英（Zhang J. X., 2007）和恩格尔等（Engel, Hayes and Wang, 2007）等发现，"萨班斯法案"给企业带来了明显的成本增加；而皮奥特洛斯基和斯里尼瓦桑（Piotroski and Srinivasan, 2008）发现，"SOX 法案"仅仅是给小企业增加了成本，对大型企业影响并

---

❶ 内部控制会使得其控制的人员对待风险的态度偏向于谨慎，这是由于当发生损失时，会直接对相关人员给予惩罚（个人收入的惩罚或者离职、声誉的损失），但获得收益时并不一定得到足够的奖励。

不大；洛茨等（Leuz，Triantis and Wang，2008）发现，大量注销并停止向SEC报告的公司，进入次级交易市场继续公开交易的主要原因之一应归功于"SOX法案"增加了企业的成本；高峰等（Gao，Wu and zimmerman，2009）等。发现，小型上市公司更倾向于保持小型公司的属性以避免执行"SOX 404条款"。

　　内部控制的成本包括设计、建设、执行和披露的成本。企业内部控制的建设与完善是一个系统工程，涉及企业的公司治理层面和业务流程，需要投入大量的人力和物力。企业内部控制系统自设计之初，就需要专业的人士对本企业进行全面细致的调查，只有经过多方认真的研究与探讨，才能找出各风险点，并设计出适合自身的内部控制系统。企业的特点和其魅力在于它处在一个多变的环境，不断地在变化发展。不变的内部控制制度会成为企业的樊笼。而为了适应企业的发展，内部控制系统也需要不断地更新和完善，企业需要不间歇地为内部控制的完善投入相应的人力和物力。

　　内部控制披露成本包括建立的信息系统、增加的人力、支付给会计事务所的费用等。SOX颁布后，2002年，SEC曾对第404条款执行成本初步估计："所有上市公司年信息揭示成本最多为4950万美元，每家公司年报和季报平均增加5个小时额外工时。"2003年8月，SEC修正其估计："年度总成本约为1214亿美元，平均每家公司911万美元，新增383工时。"但随后的调查显示，该条款执行成本远超此估计。❶

　　付出这些成本是为了避免企业内部各风险点发生风险所造成的损失。而风险的发生是不确定的，当内部控制成本超过了其所能为企业的带来的避损收益，内部控制的建设和实施就会削弱企业的竞争力。

---

❶ 黄京菁. 美国SOA404条款执行成本引发争议的评论[J]. 当代会计评论,2005(3).

3.3 内部控制与代理理论

3.3.1 委托代理理论

工业革命以后，随着企业规模和范围的扩大，企业管理行为越来越复杂，市场的细化带来了经营决策的专业化发展。现代公司制度成为经济生活的主流模式，制度模式的变化及社会投资需求的增加，使股东离传统的管理领域越来越远。许多股东无意也没有足够的能力直接参与企业的经营管理。为了企业价值最大化，资本所有者会把企业财产的实际占用、使用和处置权，委托给具体专业能力的代理人行使，这样就形成了委托代理关系。但是由于两者的目标和利益不一致，以及信息控制权不对称，导致委托人与代理人之间"代理问题"的产生。首先，委托人追求的是所拥有资本的价值增值和资本收益最大化，而代理人不是资产拥有者，其目的是为实现自身效用的最大化。他们不仅要求更高的薪金收益，还有诸多的利益目标，包括名誉、权力和地位等。因此，代理人为了追求自己的利益而侵害委托人利益的事件就会时有发生。其次，代理人直接控制并经营企业，掌握了大量和具体的企业运营信息，而委托人的专业管理知识相对贫乏，授权后又不能过多地干预企业经营，所以掌握信息有限，对经营者的能力及努力程度无法做出准确判断，从而形成信息不对称情况下的代理人监督弱化。最后，由于不确定性的存在，委托人与代理人之间不可能事先穷尽各种情况，因而两者之间签订的只能是一个不完全契约。不完全契约和代理人权责不对等的情况，导致了代理人可能损害委托人利益的行为发生。

信息不对称是指有些信息某些参与人拥有但另一些参与人不拥有的状态。委托人与代理人在企业中所处地位和发挥作用的不同，导致了相关信息在双方之间的不对称分布。代理人受委托人委托掌握着企业的实际控制权，在以下两个方面占有信息上的优势地位。首先，代理人享有企业运营和投资机会的信息优势。由于委托人处于生产经营之外，相关信息的局限和专业知识的劣势，使委托人不可能对企业生产经营进行决策，进而把这种决策权让渡给经营者。这使经营者更了解相关产品生产、经营和投资的具体信息。从理论上说，这是专业化分工的需要，也是一种有效率的制度安排。其次，代理人享有个人能力与工作努力程度的信息优势。经营者最清楚自己的能力与努力的付出，委托人则只能通过学历、业绩等外在信号加以推测和判断。这种推测极有可能出现误差，而且只能短期有效。可见，信息不对称假设是管理层薪酬激励设计的一个重要理论前提。如果委托人和代理人之间不存在信息不对称的现象，代理人就无法向企业转嫁成本从而使自己受益，那么人的行为外部性就会全部内在化，激励与约束机制都将没有意义，委托人直接按照代理人的努力程度支付报酬。

基本的委托代理模型，就是在信息不对称的前提下，委托人和代理人各自拥有自己的目标函数。委托人不能直接观察到代理人的行动，但可以观察到一些有关的信息（如会计信息等）。委托人所面临的问题就在于如何根据观察到的信息来设计一组契约，以激励代理人选择委托人期望效用最大化的行动。

委托人所面临的是在满足代理人参与约束与激励约束的条件下的收益最大化的问题，如模型所示：

$$\text{Max} \iint G[x - s(x, y)] f(x, y/a) \mathrm{d}x\mathrm{d}y$$

而代理人所面临的问题是，通过自己的行动获得自身的效用最大化的问题，如模型所示：

$$\text{Max} \iint U[s(x, y)] f(x, y/a) \mathrm{d}x\mathrm{d}y - V$$

其中，G 为委托人的效用函数；U 为代理人的效用函数；x 代表企业的产出；y代表其他业绩评价信息；s (x, y) 表示委托人根据 (x, y) 为代理人提供的一组报酬契约；a 代表代理人的行动；f (x, y/a) 表示代理人选择行动 a 的情况下的 (x, y) 的条件分布密度❶；V (a) 表示代理人选择行动 a 所承担的成本。

对于代理人而言，有最低效用限制，也就是代理人的机会成本。当委托人给予代理人的报酬契约的期望收益小于其最低效用时，那么代理人将不会接受契约。

$$Max \iint U[s(x, y)]f(x, y/a)dxdy - V(a) - H > 0$$

当委托人和代理人都在追求各自利益的最大化时，由于效用函数不同，其目标也不相同。因为代理人的效用最大化依赖于委托人给予其的报酬契约，而报酬契约对于委托人来说是一个减函数。在信息对称的情况下，委托人可以观察到代理人的行动，也就可以针对代理人采取不同的行动，分别为代理人提供报酬契约或者进行相应的惩罚。在信息不对称时，由于委托人无法观察到代理人的行动，他需要通过有关信息来推断代理人的行动，并实施相应的奖励或者处罚措施。而信息都是滞后的，当委托人根据这些信息进行判断时，代理人的行为已经发生，无论奖励还是惩罚，都不可能再作用于已经发生的行为。因此，仅仅依靠事后的判断和处理无法实现委托人与代理人的效用均衡。内部控制和薪酬契约是委托人对代理人的行为进行事前控制的两大有效手段。内部控制通过对代理人行动的限制性规定，规避代理人行动带来的损失风险；而薪酬契约通过对代理人的激励，促使代理人努力工作，实现委托人和代理人在限定条件下的效用最大化。

3.3.2 内部控制与委托代理理论分析

由前面的委托代理模型可以看出，存在与委托人和代理人之间最大的

---

❶ 假设 x 和 y 的分布都受 a 和其他因素的影响，包括宏观经济经济环境、市场需求等外生变量。

障碍是信息不对称，导致了委托人和代理人双方的目标函数无法达成一致，从而产生了代理问题，增加了委托人的代理成本。

内部控制的建设和实施可以从以下几个方面来减轻委托代理问题，降低代理成本。

第一，内部控制的环境建设，使企业在治理层面构建制衡机制。独立董事、监事会的设置可以增强对代理人的牵制，从而减少与委托人利益不一致行为的发生。深圳交易所在2006年出台的《上市公司内部控制指引》中明确指出，上市公司的独立董事、监事至少应当每季度查阅一次公司与其关联方之间的资金往来，了解上市公司是否存在被控股股东及其他关联方占用、转移上市公司资金、资产及其他资源情况。如果发现异常情况，应当及时提请公司董事会采取相应的措施。由此可见，高质量的内部控制能够预防并及时发现控股股东"掏空"上市公司等关联交易行为，从而降低代理成本。

第二，内部控制的实施主体包含了企业的所有人员，包括企业董事会、监事会、经理层和全体员工。这样一种包括激励和监督的制度安排，从本质上来说，有助于调动全体人员的积极性，增加群体决策的能力。此外，由于内部人员在信息沟通上具有优势，可以激励和监督代理人努力工作，防止代理人因厌恶风险、偷懒或偏好平静生活而消极怠工，从而能够减少代理成本。

第三，良好的内部控制风险评估体系有助于企业及时从经营活动中发现存在的风险，采取相应的措施予以处理，并及时矫正不合理的决策，避免发生不必要的损失，从而降低代理成本。

第四，内部控制中的层级授权审批制度，将不同风险、不同重要程度的决策权分层设置，将代理人的行为限定在可忍受的风险范围之内，减少由于代理人决策错误而造成的损失。

第五，内部控制中的控制活动，在解决委托代理问题中起关键性的作用。比如，规范的复核控制和会计系统控制可以减少故意和非故意的错误行为，授权审批和预算控制有助于控制超越权限的行为。这些控制程序在一定程度上可以避免对委托人的利益伤害，从而降低代理成本。

第六，内部控制系统通过提高信息透明度，减少代理人的逆向选择，降低代理成本。带来委托代理问题的主要因素就是信息不对称。委托人无法判断代理人的行为，将会导致代理人会逆向选择和代理成本。布兰查德等（Blanchard, Lopez-de-Silanes and Shleifer, 1994）对此进行了考察，如当经理人在收到一笔不会改变企业投资机会的现金时会做什么。在正常的情况下，经理人应该把这笔现金还给投资者。然而，现实却与之背道而驰，由于存在信息不对称，他们发现经理人有倾向把这笔资金投资于易失败的项目，从而导致代理成本的发生。因此，从中可以看出，内部控制可以缓解委托代理问题。

第4章 内部控制与企业竞争力实证研究

4.1 引言

  内部控制是管理职能的一个分支，追寻与管理职能同样的目标。企业作为一个以盈利为目的的组织，其最高目标只能是企业价值最大化。其他的所有目标，包括社会性目标、战略性目标等都是围绕这个最高目标来进行的。在竞争全球化和竞争越来越激烈的今天，只有拥有竞争力的企业才有可能实现企业的价值最大化。因此，以企业价值最大化为目标的内部控制体系同企业竞争力之间的关系，是企业是否可以赢得可持续发展的关键。

  从前面的分析，我们可以看出内部控制有助于企业实现其业绩和利润目标，防止资源损失，从而提高企业的竞争力。内部控制的合理分工、相互牵制可以有效地提开企业竞争力；内部控制中客观的监督与考核能够真实地反映工作业绩，再配合合理的奖惩措施，激发员工的工作热情及潜能，提高工作效率，从而促进整个企业竞争力的提高。同时，内部控制系统的实施对企业竞争力存在削弱效应。泛化、固化的内部控制可能使企业僵化，不利于企业效率的提升和创新。同时，其风险规避的本源和成本的增加，都会使企业竞争力衰退。

  因此，本章主要的研究目的是通过经验证据检验高质量的内部控制是有利于企业竞争力的提高，还是导致了企业竞争力的衰退。对于企业竞争力的评价没有统一认可的标准，通过对现有文献的分析和总结，选用了四个维度来评价企业竞争力，即营运能力、盈利能力、成长能力和现金产生能力。这四个维度的指标基本反映了企业的生存能力和发展能力。本章分别从营运能力、盈利能力、成长能力和现金产生能力这四个维度，研究内部控制对企业竞争力的影响。

4.2 内部控制与营运能力

4.2.1 研究假设

企业的营运能力是企业竞争力的一个基本表现。如果企业的营运能力差，则代表企业的效率低下；而如果企业的营运能力强，代表企业的效率高，更有能力运用各种资源为企业获得短期和长期的利益。当企业运用与竞争对手同样的资源，能够比其获得更多的市场份额和更多的收益时，则代表着企业比竞争对手拥有更强的竞争力。

当公司具有良好的内部控制时，通过对资产运营循环系统各环节的事前风险分析，事中采用有效的控制手段并加强信息沟通，事后审计监督的实施，可以提高营运效率、减少运营过程中的损失。通过对现金流转环节、应收账款周转环节、固定资产流转环节等资产周转的内部控制制度的完善和实施，可以提高企业的运营能力。

由此可见，内部控制的建设和实施，有助于企业增强各项资产的管理和运营效率。在一定时期内，资金周转次数越多，表明以相同的资金完成的周转额越多，资产利用的效果越好。资产利用充分生产经营任何一个环节上的工作得到改善，都会反映到缩短周转天数上来。

基于以上分析，我们可以提出以下假设。

假设1：高质量的内部控制，可以有效地提高企业的运营能力。

迪博公司《中国上市公司内部控制白皮书》中的统计表明，控制人为中央国有企业的上市公司整体内部控制水平优于其他控制类型的上市公司。国有产权性质造成所有者缺位，作为国有企业所有者的国家有动力敦促国有企业加强内部控制，从而减轻所有者与实际控制人之间的代理问题。国务院国资委于2006年6月6日发布《中央企业全面风险管理指引》，指导国有企业内部控制的建设和执行。国有企业内部控制系统建设和实施的落实者是其管理层，但其决策权属于实际控制人。作为所有者的国家实际控制人，只能通过内部控制相关信息的披露或者偶尔的抽查（往往也会事先进行通知），来确定内部控制的建设和实施状况。实际控制人出于政治前途与控制利益均衡考虑的结果，很可能在政府部门的推动下加强内部控制建设和实施，积极披露内部控制相关的信息。但由于内部控制系统的固有缺陷，只有完善的监督体系才能使其有效运行。而由于所有者缺位，监督环节缺失了一环，导致实际控制人通过内部控制的漏洞脱离内部控制的控制环节，由此造成企业竞争力的下降。

假设2：高质量的内部控制，可以有效地提高企业的营运能力。不同产权性质企业，通过内部控制提高营运能力的效率不同。

4.2.2 研究设计

本节通过构建以下模型，来检验假设1和假设2。

$$OA_{it} = a_0 + a_1 CON_{it} + a_2 ICQ \times NSOE + a_3 NSOE_{it} + a_4 LEV_{it} + a_5 SIZE_{it} + \gamma_j CONTROL_{it} + \varepsilon_{it} \quad (1-1)$$

$$OA_{it} = a_0 + a_1 IC_{it} + a_2 ICQ \times NSOE + a_3 NSOE_{it} + a_4 LEV_{it} + a_5 SIZE_{it} + \gamma_j CONTROL_{it} + \varepsilon_{it} \quad (1-2)$$

模型（1-1）和模型（1-2）的有关变量定义见表4-1。

(1) 内部控制质量变量

内部控制质量变量是解释变量。现有文献对于内部控制质量度量指标并不统一。前文已述，其中披露指标和基于内部评价的指标，是基于内部控制自身通过信号传递功能所拟的指标；而基于内部控制目标的实现程度而设计的指标，是通过结果来倒推起源。但由于经济社会中，变量繁多而难以计量，通过内部控制制度目标的实现并不一定是由于内部控制所引起的，可能是多方面因素共同作用所带来的结果。因此，本书选用披露指标和基于内部评价的指标来度量内部控制质量。本书选用了两个指标来度量内部控制质量。

一是以是否披露了会计师事务所出具的内部控制审核报告或鉴证报告作为衡量内部控制质量的指标。根据信号传递理论，高质量公司的管理层有动机将公司高品质的信号（如较好的会计信息、较好的内部控制及风险防范信息）及时传递给相关信息使用者，并采用如聘请高质量审计师等策略增加信息披露可信度，以影响信息使用者的决策。因此，自愿性披露会计师事务所出具的内部控制审核报告或者鉴证报告，很有可能代表高质量内部控制的公司，是基于信号传递的原理而披露其内部控制的鉴证报告。该数据是通过手工收集上市公司披露的审计师提供的审核报告或鉴证报告，进一步整理加工所得到的。

二是深圳市迪博风险管理技术有限公司披露的内部控制指数。该指数是基于上市公司内部控制自我评价报告和上市公司年报中披露的内部控制相关的信息，根据内部控制相关标准设计评估的。其依据《企业内部控制基本规范》和《企业内部控制配套指引》，制定了包括内部环境、风险评估、控制活动、信息沟通和内部监督在内的五大一级指标和下设的65个二级指标。若公司披露了二级指标的相关内控信息，此项即为1，否则为0，满分为 65 分。见表 4-1。

表 4-1　变量定义

变量	定义
运营能力 Operation Ability	
市场占有率 MS	营业收入/行业营业收入总额
总资产周转率 AST	营业收入/［（年初资产总额+年末资产总额）］/2
内部控制质量 Internal Control Quality	
内部控制评价指标 CON	迪博内部控制指数，详见上文说明
内部控制审核报告 IC	披露内部控制审核报告或者鉴证报告取 1，未披露取 0
产权性质	
产权性质 NSOE	实际控制人国有取 1，非国有取 0
产权性质交叉项 CON * NSOE	内部控制评价指标与产权性质的交叉项
产权性质交叉项 IC * NSOE	内部控制审核报告与产权性质的交叉项
控制变量	
独董比例 NDR	独立董事占董事总人数的比例
股权制衡度 SEP	前 5 大股东持股比例平方和
规模 SIZE	期末资产总额的自然对数
财务杠杆 LEV	期末资产负债率，年末负债总额/年末资产总额
年度 YEAR	自然年度
行业 INDUSTRY	按照中国证监会《上市公司行业分类指引》制定的一级分类

(2) 营运能力指标

营业指标是被解释变量。一般认为企业的营运能力就是资金周转的能力，代表资金周转效率。但根据营运能力的定义，即各项资产赚取利润的能力，资金周转效率只是代表了一个方面，即流转、动态的方面，营运能力应该还有静态、量上的能力。因此，本节选用了两个变量来度量企业的营运能力。

第一，市场占有率。这是比较经典的衡量企业竞争力的指标，同时它还体现企业营运能力静态、总量上的能力。该指标是将先按照中国证监会（CSRC）（1999年版）《上市公司行业分类指引》制定的二级标准作为统一行业计算行业营业收入总额，然后将上市公司的营业收入与行业营业收入总额相除计算所得。该指标并不十分精确。首先，因为《上市公司行业分类指引》的二级标准不够细化，而当今的市场是一个细化的市场，同一行业内上市公司的市场定位可能并不相同。其次，因为上市公司的竞争对象可能并没有公开发行股票，不在本书的样本池中。这两个原因导致该指标可能出现偏差，虽然存在不太精确的问题，本书仍采用该指标的原因在于，一是精确的市场占有率的指标无法通过公开的渠道取得，二是样本中的上市公司采用的统一标准，对于研究结论没有太大的影响。因此，本书选用了该指标来度量市场占有率。

第二，资产周转率。这是最能代表企业营运能力的资产使用效率指标。它是由营业收入除以平均资产余额计算得出。

(3) 产权性质及交叉变量

产权性质变量是一个哑变量，表示实际控制人的所有权性质。如果实际控制人属于国有，那么该变量取值为1；如果实际控制人属于其他产权性质，那么该变量取值为0。

产权性质交叉变量是内部控制质量变量与产权性质变量的乘积，该变量是为了验证国有上市公司是否通过利用内部控制的局限性，而游离于系统之外。

(4) 控制变量

本章选取了可能会影响企业竞争力的变量作为控制变量，包括规模、风险、独董比例、股权制衡度、年度和行业等变量。

本书根据中国证券监督管理委员会颁布的行业分类指引，剔除金融保险业后，对12个行业设置了哑变量。

(5) 数据来源及样本说明

数据来源于三个部分：度量内部控制质量的数据来自深圳市迪博企业风险管理技术有限公司和手工收集的上市公司内部控制审核报告（或称内部控制鉴证报告），其他财务信息和相关信息均来自国泰安数据库。

在样本的选取过程中，剔除了以下公司：金融保险业公司；ST 公司；主变量数据缺失的公司。

本书选取的两个度量内部控制质量的指标由于时间和性质不同，采用不同的样本池。

①以迪博公司内部控制指数为解释变量的模型。

研究样本选取了2009—2011年深沪两市主板上市的 A 股公司，剔除了内部控制指数为空的数据。内部控制为空，是由于上市公司未披露自我评估报告或者未披露相关的内部控制信息，并不代表内部控制质量为0。经过整理，本章中该模型共获得3473个样本。

②以披露内部控制审核报告或鉴证报告为解释变量的模型。

样本选取了2010—2011年深沪两市主板上市的 A 股公司，经过整理，本章中该模型共获得1826个样本。

4.2.3 实证结果

(1) 统计性描述

表4-2是模型1-1的主要变量的描述性统计。2008年，在所有 A 股上

市的1602家公司中,1076家公司披露了内部控制自我评价报告,占上市公司总数的67.17%。2009年,在所有A股上市的1763家公司中,1108家公司披露了内部控制自我评价报告,占上市公司总数的62.84%。2010年,在沪深交易所2105家上市公司中,1618家上市公司披露了内部控制自我评价报告占上市公司总数的76.84%。2011年在沪深交易所2340家上市公司中,1844家上市公司披露了内部控制自我评价报告,占上市公司总数的78.80%。

表4-2 模型1-1主要变量描述性统计

变量名称	观测值	变量符号	均值	中位数	最大值	最小值	标准差
迪博内控指数	3473	CON	6.865	6.907	9.932	1.561	1.027
市场占有率	3473	MS	5.896	1.465	86.66	0.02	12.16
总资产周转率	3473	AST	0.764	0.638	3.083	0.053	0.559
产权性质	3473	NSOE	0.308	0	1	0	0.462
产权性质交叉项	3473	CON*NSOE	2.052	0	9.775	0	3.129
独董比例	3473	NDR	0.364	0.333	0.714	0.003	0.127
股权制衡度	3473	SEP	0.169	0.137	0.759	0.003	0.127
规模	3473	SIZE	21.457	21.356	27.616	14.158	1.197
资产负债率	3473	LEV	0.615	0.511	124.022	0.008	2.449

本书删除了中小板市场、创业板市场和主变量缺失的上市公司,获得的样本量如表4-3所示。样本量超过了总量的半数,由其校验出来的结果能够代表证券市场的整体情况。

表 4-3　上市公司自我评价报告披露情况及样本量

年度	样本数	报告数	比例
2008 年	737	1076	68.49%
2009 年	863	1763	48.95%
2010 年	982	1618	60.69%
2011 年	891	1844	48.32%
2012 年	3473	6301	55.12%

表 4-4 是模型 1-2 的主要变量的描述性统计。2010 年，在沪深交易所 2105 家上市公司中，875 家上市公司聘请会计师事务所出具了内部控制审计报告，占上市公司总数的 41.56%。在 875 家聘请了会计事务所出具内部控制审计报告的上市公司中，会计师事务所对其中 873 家上市公司的内部控制体系出具的为无保留意见，占总样本量的 99.77%；1 家上市公司的内部控制体系被会计师事务所出具了保留意见，占总样本量的 0.11%；1 家上市公司的内部控制体系被会计师事务所出具了否定意见，占总样本量的 0.11%。2011 年，在沪深交易所 2340 家上市公司中，941 家上市公司披露了内部控制审核报告，占上市公司总数的 40.21%。在 941 家披露了内部控制审核报告的上市公司中，936 家上市公司的内部控制体系出具的为标准无保留意见，占总样本量的 99.47%；4 家上市公司的内部控制体系被会计师事务所出具了带强调事项段的无保留意见，占总样本量的 0.43%；1 家上市公司的内部控制体系被会计师事务所出具了否定意见，占总样本量的 0.11%。本书样本中 2010 年 232 家披露审计报告，占总量的 26.51%，2011 年 238 家披露审计报告，占总量的 25.29%。

表4-4 模型1-2主要变量描述性统计

变量名称	观测值	变量符号	均值	中位数	最大值	最小值	标准差
内部控制审核报告	1826	IC	0.368	0	1	-	0.482
市场占有率	1826	MS	0.514	0.525	1.073	0.007	0.183
总资产周转率	1826	AST	0.750	0.633	3.083	0.053	0.546
产权性质	1826	NSOE	0.283	0	1	0	0.450
产权性质交叉项	1826	IC*NSOE	0.088	0	1	0	0.283
独董比例	1826	NDR	0.362	0.333	0.625	0.143	0.053
股权制衡度	1826	SEP	0.182	0.156	0.799	0.0005	0.132
规模	1826	SIZE	22.051	21.876	27.805	17.88	1.311
资产负债率	1826	LEV	0.514	0.525	1.073	0.009	0.186

(2) 相关性分析

为了验证假设1,我们研究了模型1-1主变量之间的相关系数,并进行了双尾检验,结果如表4-5所示。通过相关系数分析,我们发现市场占有率与上市公司内部控制是显著正相关,而且分别与企产权性质、规模均为正相关关系,这初步验证了假设。

表4-5 模型1-1相关性分析

	MS	CON	CONSOE	SIZE	LEV	NSOE	NDR
MS	1.000	0.234	-0.101	0.508	0.072	-0.122	-0.015
	<0.0001	<0.0001	<0.0001	<0.0001	<0.0001	0.3691	0.0008
CON	0.131	1.000	0.009	0.311	0.027	-0.112	0.017
	<0.0001	0.2521	<0.0001	0.1182	<0.0001	0.3277	<0.0001
CONNSOE	-0.051	-0.020	1.000	-0.117	-0.022	0.977	0.006
	0.0027	0.2521	<0.0001	0.1974	<0.0001	0.7081	<0.0001

续表

	MS	CON	CONSOE	SIZE	LEV	NSOE	NDR
SIZE	0.251	0.322	−0.138	1.000	0.340	−0.154	0.042
	<0.0001	<0.0001	<0.0001	<0.0001	<0.0001	0.0139	<0.0001
LEV	−0.006	0.003	−0.029	0.324	1.000	−0.025	−0.009
	0.7135	0.8796	0.0939	<0.0001	0.076	0.5833	0.7418
NSOE	−0.060	−0.133	0.982	−0.166	−0.030	1.000	0.010
	0.0005	<0.0001	<0.0001	<0.0001	0.076	0.575	<0.0001
NDR	0.024	0.007	0.004	0.023	−0.009	0.010	1.000
	0.1693	0.6905	0.8327	0.1733	0.6156	0.575	0.0751
SEP	0.038	0.221	−0.178	0.208	−0.005	−0.200	0.031
	0.0278	<0.0001	<0.0001	<0.0001	0.7753	<0.0001	0.0751

(3) 多元回归分析

①回归模型1-1的分析结果如表4-6所示，以迪博内部控制指数作为自变量，考察内部控制质量对企业营运能力的影响。

表4-6的左半部分以市场占有率（MS）作为代表营运指标经过多元回归分析的结果，从表中可以看到内部控制指数的系数为1.55，在1%的水平上显著。这说明内部控制质量同市场占有率存在正相关关系，验证了假设1，高质量的内部控制可以有效地提高企业的运营能力。

内部控制指数与产权性质的交互变量的系数为−1.61，并在1%的水平上显著。这说明内部控制指数与产权性质的交互变量与市场占有率存在负相关关系，验证了假设2。虽然高质量的内部控制，可以有效地提高企业的运营能力，但实际控制人为国有产权性质时，由于所有者缺位，可能游离于内部控制系统之外，从而降低企业的市场占有率。

表 4-6 回归模型 1-1 多元线性回归分析表

变量	MS 系数	Pr>|t|	变量	AST 系数	Pr>|t|
Intercept	−63.69***	<0.0001	Intercept	0.545	0.0003
CON	1.55***	<0.0001	CON	0.147***	<0.0001
CON*NSOE	−1.61***	<0.0001	CON*NSOE	0.003	0.8559
SIZE	2.58***	<0.0001	SIZE	−0.054***	<0.0001
LEV	−2.39*	0.0225	LEV	0.465**	<0.0001
NSOE	12.01**	<0.0001	NSOE	−0.111***	0.2835
NDR	0.17	0.9551	NDR	−0.155	0.2384
SEP	−0.09	0.9476	SEP	0.319***	<0.0001
INDUSTRY	已控制		INDUSTRY	已控制	
YEAR	已控制		YEAR	已控制	
N	3472		N	3472	
F统计量	48.81		F统计量	73.35	
P	<0.0001		P	<0.0001	
ADJ-R2	0.2098		ADJ-R2	0.2866	

注：***表示在1%水平显著，**表示在5%水平显著，*表示在10%水平显著。

表 4-6 的右半部分以资产周转率（AST）作为代表营运指标经过多元回归分析的结果，从表中可以看到内部控制指数的系数为 0.147，在 1% 的水平上显著。这说明内部控制质量同市场占有率存在正相关关系，验证了假设 1，内部控制质量高的上市公司的资产周转率要高于质量低的上市公司，高质量的内部控制可以有效地提高企业的运营能力。

内部控制指数与产权性质的交互变量的系数为 0.003，并不显著，不能拒绝或者接受假设 2。

②回归模型 1-2 的分析结果如表 4-7 所示，以是否披露内部控制审核

报告作为自变量,考察内部控制质量与企业营运能力是否相关。

表4-7 回归模型1-2多元线性回归分析表

变量	MS 系数	Pr>|t|	变量	AST 系数	Pr>|t|
Intercept	-55.00***	<0.0001	Intercept	0.736**	0.0004
IC	0.016***	<0.0001	IC	0.13***	<0.0001
IC*NSOE	-0.017**	0.0014	IC*NSOE	-0.00001	0.7738
SIZE	2.699***	<0.0001	SIZE	-0.017*	0.0743
LEV	-2.288*	0.0096	LEV	0.415***	<0.0001
NSOE	0.951*	0.0485	NSOE	-0.109***	<0.0001
NDR	-0.325	0.9313	NDR	-0.223	0.1940
SEP	-0.09	0.6488	SEP	0.272**	0.0010
INDUSTRY	已控制		INDUSTRY	已控制	
YEAR	已控制		YEAR	已控制	
N	1825		N	1825	
F统计量	28.64		F统计量	45.02	
P	<0.0001		P	<0.0001	
ADJ-R2	0.2113		ADJ-R2	0.2794	

注:***表示在1%水平显著,**表示在5%水平显著,*表示在10%水平显著。

表4-7的左半部分以市场占有率(MS)作为代表营运指标经过多元回归分析的结果,从表中可以看到内部控制披露指标的系数为0.016,在1%的水平上显著。这说明内部控制质量同市场占有率存在正相关关系,验证了假设1,高质量的内部控制可以有效地提高企业的运营能力。

内部控制披露指标与产权性质的交互变量的系数为-0.017,并在5%的水平上显著。这说明内部控制披露指标与产权性质的交互变量与市场占有率存在负相关关系,验证了假设2。虽然高质量的内部控制,可以有效地提高企业的运营能力，但实际控制人为国有产权性质时，由于所有者缺位，可能游离于内部控制系统之外，从而降低企业的市场占有率。

表4-7的右半部分以资产周转率（AST）作为代表营运指标经过多元回归分析的结果，从表中可以看到内部控制披露指标的系数为0.13，在1%的水平上显著。这说明内部控制质量同市场占有率存在正相关关系，验证了假设1，内部控制质量高的上市公司的资产周转率要高于质量低的上市公司，高质量的内部控制可以有效地提高企业的运营能力。

内部控制披露指标与产权性质的交互变量的系数为-0.0001，并不显著，不能拒绝或者接受假设2。

（4）稳健性检验

本节还做了一系列稳健性检验。

首先，用替代变量的方法进行稳健性检验。对解释变量和被解释变量均采用了替代变量进行再次检验。对作为解释变量的内部控制质量指标，采用了内部控制指数与行业内部控制指数平均数的差分，替代内部控制指数对上述模型进行回归分析，研究结果保持不变。对作为被解释变量的营运能力指标，我们采用净资产周转率代替资产周转率进行回归分析，研究结果保持不变。

其次，用改变样本量的方法进行稳健性检验。很多中小板上市公司也发布了内部控制自我评价报告和会计师事务所出具的内部控制鉴证报告。我们将中小板样本加入后进行回归分析，研究结果保持不变。

4.3 内部控制与盈利能力

4.3.1 研究假设

企业作为以盈利为目的的组织形式，其各项工作都应围绕盈利展开。

盈利是企业生存和发展的基础，虽然管理领域对于盈利作为企业的目标有这样或那样的责难，但归根结底，盈利是基础。没有盈利，一切都是空谈。没有盈利的企业，其他目标也无从谈起。因此，盈利能力应是企业最根本的能力，是企业竞争力的集中体现。企业的内部控制工作，无论从设计、建设，还是实施和评价，也都绕不开盈利能力。只有能增强企业盈利能力的内部控制，才是好的内部控制。

阎达五（2004）认为，企业应当通过内部控制实现价值增值的最大化。李崴克（Litvak，2007）研究了在美国上市的非美国本土企业执行"萨班斯法案"所带来的经济后果，通过配对研究发现，在美国上市的非美国企业的托宾Q和市价与账面值之比均低于配对公司。这说明执行"萨班斯法案"增强了企业的内部控制，而增强的内部控制与公司价值的提高存在相关关系。

基于以上分析，我们可以提出假设：

假设2-1：高质量的内部控制，可以有效地提高企业的盈利能力。

盈利能力的因素受很多因素的影响，包括企业内部因素，也包括企业的外部环境（行业、地域等）。国有企业往往可以依靠其政治资源获得较强的盈利能力，但所有者缺位，产生的控制人问题会使其盈利能力削弱。根据迪博公司《中国上市公司内部控制白皮书》中的统计，控制人为中央国有企业的上市公司整体内部控制水平高于其他控制类型的上市公司。国有产权性质造成的所有者缺位，作为国有企业所有者的国家有动力敦促国有企业加强内部控制，从而减轻所有者与实际控制人之间的代理问题。国有企业内部控制系统建设和实施的落实者是其管理层，但其决策权属于实际控制人。作为所有者的国家实际控制人，只能通过内部控制相关信息的披露或者偶尔的抽查（往往也会事先进行通知），来确定内部控制的建设和实施状况。实际控制人出于政治前途与控制利益均衡考虑的结果，很可能在政府部门的推动下加强内部控制建设和实施，积极披露内部控制相关的信息。但由于内部控制系统的固有缺陷,只有完善的监督体系才能使其有效运行。而由于所有者缺位,监督环节缺失了一环,导致实际控制人通过内部控制的漏洞脱离内部控制的控制环节,并由此造成企业竞争力的下降。

假设 2-2：高质量的内部控制,可以有效地提高企业的营运能力。不同产权性质企业,通过内部控制提高盈利能力的效率不同。

4.3.2 研究设计

本节通过构建以下模型,来检验假设 2-1 和假设 2-2。

$$PA_{it} = a_0 + a_1 CON_{it} + a_2 ICQ \times NSOE + a_3 NSOE_{it} + a_4 LEV_{it} + a_5 SIZE_{it} + \gamma_j CONTROL_{it} + \varepsilon_{it} \qquad (2-1)$$

$$PA_{it} = a_0 + a_1 CON_{it} + a_2 ICQ \times NSOE + a_3 NSOE_{it} + a_4 LEV_{it} + a_5 SIZE_{it} + \gamma_j CONTROL_{it} + \varepsilon_{it} \qquad (2-2)$$

模型（2-1）和模型（2-2）的有关变量定义见表 4-8。

表 4-8　主要变量定义表

变量	定义
盈利能力 Profitability	
总资产回报率 ROA	净利润/年度资产平均总额
托宾 Q 值 TBQ	市场价值 A/期末总资产
内部控制质量	
内部控制评价指标 CON	深圳市迪博企业风险管理技术有限公司内控指数
内部控制审核报告 IC	披露内部控制审核报告或者鉴证报告取 1,未披露取 0
产权性质	
产权性质 NSOE	实际控制人国有取 1,非国有取 0
产权性质交叉项 CON * NSOE	内部控制评价指标与产权性质的交叉项

续表

变量	定义
产权性质交叉项 IC * NSOE	内部控制审核报告与产权性质的交叉项
控制变量	
独董比例 NDR	独立董事占董事总人数的比例
股权制衡的 SEP	前5大股东持股比例平方和
规模 SIZE	期末资产总额的自然对数
财务杠杆 LEV	期末资产负债率,年末负债总额/年末资产总额
年度 YEAR	自然年度
行业 INDUSTRY	按照中国证监会《上市公司行业分类指引》制定的一级分类

(1) 盈利变量

盈利能力变量是被解释变量,本节中采用总资产回报率(ROA)和托宾 Q 值作为度量企业盈利能力的指标。之所以采用这两个变量,是因为这两个指标,一个是会计指标,一个是市场指标。

总资产回报率是会计指标,是在衡量企业业绩时最常用的一个指标,是经过规模标准化的利润指标该指标越高,表明企业的盈利能力越强;该指标越低,表明企业的盈利能力越弱。但由于该指标使用的是净利润和资产总额这两个会计数据,有可能被管理层操控,造成数据失真。

托宾 Q 值是市场指标,该系数为企业股票市值对股票所代表的资产重置成本的比值。由于它采用了市场指标,较会计指标减少了被操纵的可能性,因此也常被用来衡量企业的业绩与盈利能力。但托宾 Q 值由于其是以企业股票价值未来现金流量的无偏估计为前提,有可能由于市场的有效性和高换手率而出现偏差。

第 4 章　内部控制与企业竞争力实证研究

（2）产权性质及交叉变量

产权性质变量是一个哑变量，表示实际控制人的所有权性质。如果实际控制人属于国有，那么该变量取值为 1。如果实际控制人属于其他产权性质，那么该变量取值为 0。

产权性质交叉项是内部控制质量变量与产权性质变量的乘积，为了验证产权性质为国有的实际控制人是否通过内部控制的局限性，游离于系统之外。

（3）控制变量

本章选取了可能会影响企业竞争力的变量作为控制变量，包括规模、风险、独董比例、股权制衡度、年度和行业等变量。

本书根据中国证券监督管理委员会颁布的行业分类指引，剔除金融保险业后，对 12 个行业设置了哑变量。

（4）数据来源及样本说明

数据来源于三个部分，度量内部控制质量的数据来自于深圳市迪博企业风险管理技术有限公司和手工收集的上市公司内部控制审核报告（或称内部控制鉴证报告），其他财务信息和相关信息均来自国泰安数据库。

在样本的选取过程中，剔除了以下公司：金融保险业公司；ST 公司；主变量数据缺失的公司。

本书选取的两个度量内部控制质量的指标由于时间和性质不同，采用不同的样本池。

①以迪博公司内部控制指数为解释变量的模型。

研究样本选取了 2009—2011 年深沪两市主板上市的 A 股公司，剔除了内部控制指数为空的数据。内部控制为空，是由于上市公司未披露自我评估报告或者未披露相关的内部控制信息，并不代表内部控制质量为 0。经过整理，本章中该模型共获得 3473 个样本。

②以披露内部控制审核报告或鉴证报告为解释变量的模型。

样本选取了2010—2011年深沪两市主板上市的A股公司，经过整理，本章中该模型共获得1826个样本。

4.3.3 实证结果

（1）统计性描述

表4-9是模型2-1的主要变量的描述性统计。从表4-10中可以看到，总资产回报率（ROA）的均值为4.2%，中位数为3.6%。这说明我国的上市公司的盈利状况不是太好，而好的上市公司，资产回报率能够达到22.9%。差的上市公司，总资产回报率为-14.9%。这说明我国A股主板市场上的上市公司盈利能力差别很大。而托宾Q值（TBQ）的均值为1.938，中位数为1.513，从这个市场指标来看，我国上市公司的盈利状况良好。大部分上市公司的托宾Q值都超过了1，最高能够达到9.864，最低也有0.793。这个指标与作为会计指标的资产回报率有相反的结论，如果不是会计指标低估了上市公司的盈利能力，就是市场指标高估了上市公司的盈利能力。

表4-9 模型2-1主要变量描述性统计

变量名称	观测值	变量符号	均值	中位数	最大值	最小值	标准差
迪博内控指数	3473	CON	6.865	6.907	9.932	1.561	1.027
总资产回报率	3473	ROA	0.042	0.036	0.229	-0.149	0.057
托宾Q值	3473	TBQ	1.938	1.513	9.864	0.793	1.316
产权性质	3473	NSOE	0.308	0	1	0	0.462
产权性质交叉项	3473	CON*NSOE	2.052	0	9.775	0	3.129
独董比例	3473	NDR	0.364	0.333	0.714	0.003	0.127
股权制衡度	3473	SEP	0.169	0.137	0.759	0.003	0.127
规模	3473	SIZE	21.457	21.356	27.616	14.158	1.197
资产负债率	3473	LEV	0.615	0.511	124.022	0.008	2.449

表4-10是模型2-1的主要变量的描述性统计。从表4-9中看,虽然两个模型的样本池并不同,但其资产回报率与托宾Q值各项指标都大致一样。这说明这些数值大致代表了我国上市公司的整体状况。

表4-10 模型2-2主要变量描述性统计

变量名称	观测值	变量符号	均值	中位数	最大值	最小值	标准差
内部控制审核报告	1825	IC	0.368	0	1	0	0.482
总资产回报率	1825	ROA	0.042	0.036	0.229	-0.149	0.056
托宾Q值	1825	TBQ	2.005	1.532	9.864	0.793	0.461
产权性质	1825	NSOE	0.283	0	1	0	0.450
产权性质交叉项	1825	IC * NSOE	0.088	0	1	0	0.283
独董比例	1825	NDR	0.362	0.333	0.625	0.143	0.053
股权制衡度	1825	SEP	0.182	0.156	0.799	0.0005	0.132
规模	1825	SIZE	22.051	21.876	27.805	17.88	1.311
资产负债率	1825	LEV	0.514	0.525	1.073	0.009	0.186

(2) 多元回归分析

①回归模型2-1的分析结果如表4-11所示,以迪博内部控制指数作为自变量,考察内部控制质量对企业营运能力的影响。

表4-11的左半部分以总资产回报率(ROA)作为代表盈利指标经过多元回归分析的结果,从表中可以看到内部控制指数的系数为0.008,在1%的水平上显著。这说明内部控制质量同总资产回报率存在正相关关系,验证了假设2-1,高质量的内部控制可以有效地提高企业的盈利能力。

内部控制指数与产权性质的交互变量的系数为0.003,并不显著,不能拒绝或者接受我们的假设2-2。

表4-11的右半部分以托宾Q值(TBQ)作为代表盈利指标经过多元回归分析的结果,从表中可以看到内部控制指数的系数为-0.03,在10%的水

平上显著。这说明内部控制质量同托宾 Q 值存在负相关关系，拒绝了假设 2-1。内部控制质量高的上市公司的盈利能力要低于质量低的上市公司，高质量的内部控制并不能提高企业的盈利能力。

表 4-11　回归模型 2-1 多元线性回归分析表

变量	ROA 系数	Pr >|t|	变量	TBQ 系数	Pr >|t|
Intercept	-0.177***	<0.0001	Intercept	5.626	<0.0001
CON	0.008***	<0.0001	CON	-0.03*	0.0464
CON*NSOE	0.03	0.3232	CON*NSOE	-0.357***	<0.0001
SIZE	0.011***	<0.0001	SIZE	-0.155***	<0.0001
LEV	-0.121***	<0.0001	LEV	-0.78***	<0.0001
NSOE	-0.003	0.8003	NSOE	2.747	<0.0001
NDR	-0.064***	<0.0001	NDR	-0.299	0.4114
SEP	0.007	0.1508	SEP	-0.977*	0.0548
INDUSTRY	已控制		INDUSTRY	已控制	
YEAR	已控制		YEAR	已控制	
N	4790		N	4790	
F 统计量	3472		F 统计量	80.14	
ADJ-R2	0.2403		ADJ-R2	0.2666	

注：***表示在1%水平显著，**表示在5%水平显著，*表示在10%水平显著。

内部控制指数与产权性质的交互变量的系数为-0.357，并在1%的水平上显著。这说明内部控制指数与产权性质的交互变量与盈利能力存在负相关关系，验证了假设2-2。虽然高质量的内部控制，可以有效地提高企业的盈利能力，但实际控制人为国有产权性质时，由于所有者缺位，可能游离于内部控制系统之外，从而降低企业的盈利能力。

以总资产回报率和托宾 Q 值得到的是相反的结论，这是由于这两个指标一个是会计指标，一个是市场指标，两者可能存在偏误。

②回归模型 1-2 的分析结果如表 4-12 所示，以是否披露内部控制审核报告作为自变量，考察内部控制质量与企业盈利能力是否存在相关关系。

表 4-12 的左半部分以总资产回报率（ROA）作为代表盈利能力指标经过多元回归分析的结果，从表中可以看到内部控制披露指标的系数为 0.001，在 10% 的水平上显著。这说明内部控制质量同总资产回报率存在正相关关系，验证了假设 2-1，高质量的内部控制可以有效地提高企业的盈利能力。

内部控制披露指标与产权性质的交互变量的系数为 0.019，并不显著，不能拒绝或者接受假设 2-2。

表 4-12 的右半部分以托宾 Q 值（TBQ）作为代表盈利能力指标经过多元回归分析的结果，从表中可以看到内部控制披露指标的系数为 -0.048，在 10% 的水平上显著。这说明内部控制质量同总资产回报率存在负相关关系，拒绝了假设 2-1，内部控制质量高的上市公司的总托宾 Q 值要低于质量低的上市公司，高质量的内部控制并不能增强企业的盈利能力。

表 4-12　回归模型 2-2 多元线性回归分析表

变量	系数	Pr >| t|	变量	系数	Pr >| t|
Intercept	-0.174***	<0.0001	Intercept	8,893	<0.0001
IC	0.001*	0.0129	IC	-0.048*	0.0548
IC * NSOE	0.019	0.3015	IC * NSOE	-0.194	0.2655
SIZE	0.013***	<0.0001	SIZE	-0.247***	<0.0001
LEV	-0.124***	<0.0001	LEV	-0.753***	<0.0001
NSOE	0.039	0.1651	NSOE	0.517	<0.0001
NDR	-0.052**	0.0136	NDR	-0.786	0.1832
SEP	0.021**	0.0251	SEP	-1.361***	<0.0001

续表

变量	系数	Pr>|t|	变量	系数	Pr>|t|
INDUSTRY	已控制		INDUSTRY	已控制	
YEAR	已控制		YEAR	已控制	
N	4790		N	1938	
F统计量	25.59		F统计量	22.64	
ADJ-R2	0.2201		ADJ-R2	0.1825	

注：***表示在1%水平显著，**表示在5%水平显著，*表示在10%水平显著。

从这两个回归方程的分析结果可以看出，会计指标和市场指标计量的盈利能力所得出的结论并不相同。在我们对变量进行描述性统计时，可以看到会计指标显示中国上市公司盈利状况不好，而用市场指标显示中国上市公司良好。这两个指标的结论并不一致，要么是管理层向下做了盈余管理，要么就是市场高估了上市公司的价值。从常理来判断，在整体盈利状况不佳的时候，管理层没有动力进行向下的盈余管理，而市场由于近几年的流动性过剩的问题会高估上市公司的价值。因此，我们侧重于选择会计指标的分析结果作为结论。

因此，我们认为高质量的上市公司可以提高其盈利能力，但国有性质的上市公司并不存在实际控制人通过逃避内部控制而影响盈利能力的情况，也就是拒绝了假设2-2。

但是，从另一个角度来看，我国上市公司的内部控制建设并没有得到市场的认可。自《企业内部控制基本规范》出台以来，我国对内部控制建设和实施的推行力度很大，上市公司纷纷根据要求组成专业的内部控制机构，并聘请会计师事务所进行内部控制系统的设计、建设、实施和评价。其预期目的是为了提高上市公司的会计信息质量，提高企业的经济效益，增强投资者的信心。从对托宾Q值的回归分析结果可以看到，无论是从会计信息质量提高的角度而言，还是内部控制对未来收益的推高作用的预期来说，投资者并未认可内部控制建设和实施的效果。

（3）稳健性检验

本节还做了一系列稳健性检验。

首先，用替代变量的方法进行稳健性检验。对解释变量和被解释变量均采用了替代变量进行再次检验。对作为解释变量的内部控制质量指标，采用了内部控制指数与行业内部控制指数平均数的差分替代内部控制指数对上述模型进行回归分析，研究结果保持不变。对作为被解释变量的盈利能力指标，采用净资产回报率代替总资产回报率进行回归分析，研究结果保持不变。

其次，用改变样本量的方法进行稳健性检验。很多中小板上市公司也发布了内部控制自我评价报告和会计师事务所出具的内部控制鉴证报告。我们将中小板样本加入后进行回归分析，研究结果也保持不变。

4.4 内部控制与成长能力

4.4.1 研究假设

企业成长能力表现为企业经营效率提高的能力，而经营效率的提高必然带来股东财富的增长，因此企业成长能力将是企业价值增值的必然保证。拉帕波尔（Roppaport，1980）的研究指出，企业的可持续增长应与持续的价值创造是一致的，企业持续增长带来的是股东价值的持续增加。贝克（Baker，1993）的实证研究则表明，企业当前的成长性与企业的价值增长有显著的正相关关系。杨和奥伯恩（Young and O'Byrne，2000）的研究发现，企业的价值增长与产品销售增长率呈现出显著的正相关关系。辛贝和斯图尔兹（Shin and Stulz，2000）将企业价值分解为资产价值和增长价值，研究发现合理的增长率是为企业带来现金流的增长率，即使企业增长波动性很大，合理的增长率也会给企业带来更多的增长价值，从而会使企业保持持久的增值性。奥尔森和帕加诺（Olson and Pagano，2005）运用可持续增长与价值最大化原则之间的关联，对1987—2000年美国商业银行兼并后的股票业绩进行结构检验。结果表明，当兼并引导企业走向持续增长的良性发展道路时，股东会获得财富。曹玉珊、张天西（2005）以中美上市公司为样本，发现中国上市公司的可持续增长率总体上具备价值相关性，而美国上市公司的可持续增长率不具备价值相关性，进一步与会计盈余、每股净资产及经济附加值相比，可持续增长率的价值相关性更高。

影响企业成长的因素十分复杂，导致了不同视角的研究结论具有多样性的特点，但总体来说，影响企业成长的因素可以分为企业外部因素和企业内部影响因素两大类。鲁德银等（2003），邬爱其、贾生华（2004）认为，制度是促进企业成长的重要因素，明晰的制度能够保证各利益相关者的利益，从而实现企业的持续成长。

基于以上分析，可以提出以下假设。

假设3-1：高质量的内部控制，可以有效地提高企业的成长能力。

我国由于体制原因所特有的委托代理问题就是实际控制人的代理问题。实际控制人为了短期的利益有可能会出现损害长期利益的行为，从而损害企业的成长能力。迪博公司《中国上市公司内部控制白皮书》中的统计表明，控制人为中央国有企业的上市公司整体内部控制水平高于其他控制类型的上市公司。国有产权性质造成所有者缺位，作为国有企业所有者的国家有动力敦促国有企业加强内部控制，从而减轻所有者与实际控制人之间的代理问题。国有企业内部控制系统建设和实施的落实者是其管理层，但其决策权属于实际控制人。作为所有者的国家实际控制人，只能通过内部控制相关信息的披露或者偶尔的抽查（往往也会事先进行通知），来确定内部控制的建设和实施状况。实际控制人出于政治前途与控制利益的均衡考虑的结果，很可能是在政府部门的推动下加强内部控制建设和实施，积极披露内部控制相关的信息。但由于内部控制系统的固有缺陷，只有完善的监督体系才能使其有效地运行，而由于所有者缺位，监督环节缺失了一环，导致实际控制人通过内部控制的漏洞脱离内部控制的控制环节，由此而造成企业竞争力的下降。

假设3-2：高质量的内部控制，可以有效地提高企业的营运能力。不同产权性质企业通过内部控制提高成长能力的效率不同。

4.4.2 研究设计

本节通过构建以下模型，来检验假设3-1和假设3-2。

$$GA_{it} = \alpha_0 + \alpha_1 CON_{it} + \alpha_2 ICQ \times NSOE + \alpha_3 NSOE_{it} + \alpha_4 LEV_{it} + \alpha_5 SIZE_{it} + \gamma_j CONTROL_{it} + \varepsilon_{it} \quad (3-1)$$

$$GA_{it} = \alpha_0 + \alpha_1 IC_{it} + \alpha_2 ICQ \times NSOE + \alpha_3 NSOE_{it} + \alpha_4 LEV_{it} + \alpha_5 SIZE_{it} + \gamma_j CONTROL_{it} + \varepsilon_{it} \quad (3-2)$$

模型（3-1）和模型（3-2）的有关变量定义见表4-13。

表4-13 主要变量定义表

变量	定义
成长能力 Growth ability	
净利润增长率 NPGR	净利润增长率比上一年度增长的比率
总资产回报率增长率 AGR	总资产回报率比上一年度增长的比率
内部控制质量	
内部控制评价指标 CON	迪博内部控制指数
内部控制审核报告 IC	披露内部控制审核报告或者鉴证报告取1，未披露取0

续表

变量	定义
产权性质	
产权性质 NSOE	实际控制人国有取1，非国有取0
产权性质交叉项 CON * NSOE	内部控制评价指标与产权性质的交叉项
产权性质交叉项 IC * NSOE	内部控制审核报告与产权性质的交叉项
控制变量	
独董比例 NDR	独立董事占董事总人数的比例
股权制衡度 SEP	前5大股东持股比例平方和
规模 SIZE	期末资产总额的自然对数
财务杠杆 LEV	期末资产负债率，年末负债总额/年末资产总额
年度 YEAR	自然年度
行业 INDUSTRY	按照中国证监会《上市公司行业分类指引》制定的一级分类

(1) 成长能力变量

企业成长能力变量是被解释变量，本节中采用净利润增长率（NPGR）和总资产回报率增长率（AGR）作为度量企业成长能力的指标。对企业成长能力的评价，学者们也经历了从简单到复杂、从单一指标到指标体系的分析评价过程。吴世农等（1999）在总结国外研究成果的基础上，结合我国上市公司的实际情况，从理论上提出上市公司成长的真正含义是净资产收益率大于资本的平均成本和净利润增长。其后，很多学者都提出了复杂得多的因素度量成长能力。但归根结底，最根本的计量指标依然是利润增长率，企业只有在利润持续增长的情况下，才能得到成长。因此，本书选用利润增长率作为度量成长能力的变量。

净利润增长率代表企业当期净利润比上期净利润的增长幅度。总资产回报率增长率是考虑了企业规模后的净利润增长率。本书采用的指标是一年期的增长率，内部控制对成长能力的影响是一个长期的过程，选择三年期或者更长期的滞后净利润增长率来做实证分析更具有说服力。但由于我国内部控制建设和信息的披露推动得较晚，早期没有较为全面而具体的指标对内部控制进行计量，没有足够的数据进行之后较长期间的分析，因此本书采用的是一年期的增长率。

（2）产权性质及交叉变量

产权性质变量是一个哑变量，表示实际控制人的所有权性质。如果实际控制人属于国有，那么该变量取值为1。如果实际控制人属于其他产权性质，那么该变量取值为0。

产权性质交叉项是内部控制质量变量与产权性质变量的乘积，为了验证产权性质为国有的实际控制人是否通过内部控制的局限性，游离于系统之外。

（3）控制变量

本章选取了可能会影响企业竞争力的变量作为控制变量，包括规模、风险、独董比例、股权制衡度、年度和行业等变量。

本书根据中国证券监督管理委员会颁布的行业分类指引，剔除金融保险业后，对12个行业设置了哑变量。

（4）数据来源及样本说明

数据来源于三个部分，度量内部控制质量的数据来自于深圳市迪博企业风险管理技术有限公司和手工收集的上市公司内部控制审核报告（或称内部控制鉴证报告）。除上述数据外，其他财务信息和相关信息均来自国泰安数据库。

在样本的选取过程中，剔除了以下公司：金融保险业公司；ST公司；主变量数据缺失的公司。

本书选取的两个度量内部控制质量的指标由于时间和性质不同，采用不同的样本池。

①以迪博公司内部控制指数为解释变量的模型。

研究样本选取了2009—2011年深沪两市主板上市的A股公司,剔除了内部控制指数为空的数据。内部控制为空,是由于上市公司未披露自我评估报告或者未披露相关的内部控制信息,并不代表内部控制质量为0。经过整理,本章中该模型共获得3473个样本。

②以披露内部控制审核报告或鉴证报告为解释变量的模型。

样本选取了2010—2011年深沪两市主板上市的A股公司,经过整理,本章中该模型共获得1826个样本。

4.4.3 实证结果

(1) 统计性描述

表4-14是模型3-1的主要变量的描述性统计。从表4-14中可以看到,净利润增长率(NPGR)的均值为23.4%,中位数为11.2%。这说明我国的上市公司近四年来成长能力很好,最高的上市公司能够达到216%;而最差的上市公司,净利润增长率为-71%,标准差高达80.9%。这说明我国A股主板市场上的上市公司成长能力差别很大。而总资产回报率增长率(AGR)的均值为9.4%,中位数为10.3%,最高的上市公司达到22.9%,规模化后的成长能力也很不错。这可能是与2008年的金融危机使得这一阶段的基数处于较低的水平有关,还有可能跟近几年整体经济复苏等情况有关。

表4-14 模型3-2主要变量描述性统计

变量名称	观测值	变量符号	均值	中位数	最大值	最小值	标准差
迪博内控指数	3473	CON	6.865	6.907	9.932	1.561	1.027
净利润增长率	3473	NPGR	0.234	0.112	2.16	-0.71	0.809

续表

变量名称	观测值	变量符号	均值	中位数	最大值	最小值	标准差
总资产回报率增长率	3473	AGR	0.094	0.103	0.229	-0.149	0.117
产权性质	3473	NSOE	0.308	0	1	0	0.462
产权性质交叉项	3473	CON * NSOE	2.052	0	9.775	0	3.129
独董比例	3473	NDR	0.364	0.333	0.714	0.003	0.127
股权制衡度	3473	SEP	0.169	0.137	0.759	0.003	0.127
规模	3473	SIZE	21.457	21.356	27.616	14.158	1.197
资产负债率	3473	LEV	0.615	0.511	124.022	0.008	2.449

表 4-15 是模型 3-2 的主要变量的描述性统计。从表 4-15 中看,虽然两个模型的样本池的并不同,但其净利润增长率和总资产回报率增长率各项指标都大致一样,说明这些数值大致代表了我国上市公司的整体状况。

表 4-15 模型 3-2 主要变量描述性统计

变量名称	观测值	变量符号	均值	中位数	最大值	最小值	标准差
内部控制审核报告	1825	IC	0.368	0	1	0	0.482
净利润增长率	1825	NPGR	0.232	0.102	2.16	-0.71	0.813
总资产回报率增长率	1825	AGR	0.094	0.103	0.229	00.149	0.117
产权性质	1825	NSOE	0.283	0	1	0	0.450
产权性质交叉项	1825	IC * NSOE	0.088	0	1	0	0.283
独董比例	1825	NDR	0.362	0.333	0.625	0.143	0.053
股权制衡度	1825	SEP	0.182	0.156	0.799	0.0005	0.132
规模	1825	SIZE	22.051	21.876	27.805	17.88	1.311
资产负债率	1825	LEV	0.514	0.525	1.073	0.009	0.186

(2) 多元回归分析

①回归模型 3-1 的分析结果如表 4-16 所示,以迪博内部控制指数作为

自变量，考察内部控制质量对企业成长能力的影响。

表 4-16　回归模型 3-1 多元线性回归分析表

变量	系数	Pr >|t|	变量	系数	Pr >|t|
	NPGR			AGR	
Intercept	-0.771**	0.0064	Intercept	-0.596***	<0.0001
CON	0.087***	<0.0001	CON	0.006**	0.0077
CON*NSOE	0.027	0.3358	CON*NSOE	0.008**	0.0253
SIZE	0.034**	0.0100	SIZE	0.027***	<0.0001
LEV	-0.126	0.1204	LEV	0.051***	<0.0001
NSOE	-0.129	0.5012	NSOE	-0.059**	0.0239
NDR	-0.687**	0.0063	NDR	-0.027	0.4395
SEP	-0.079	0.4756	SEP	-0.028*	0.0738
INDUSTRY	已控制		INDUSTRY	已控制	
YEAR	已控制		YEAR	已控制	
N	3472		N	3472	
F 统计量	31.24		F 统计量	26.03	
ADJ-R2	0.1414		ADJ-R2	0.1369	

注：*** 表示在 1% 水平显著，** 表示在 5% 水平显著，* 表示在 10% 水平显著。

表 4-16 的左半部分以净利润增长率作为代表盈利指标经过多元回归分析的结果。从表中可以看到，内部控制指数的系数为 0.087，在 1% 的水平上显著。这说明内部控制质量同净利润增长率存在正相关关系，验证了假设 3-1，高质量的内部控制可以有效地提高企业的成长能力。

内部控制指数与产权性质的交互变量的系数为 0.027，并不显著，不能拒绝或者接受假设 3-2。

表 4-16 的右半部分以总资产回报率增长率作为代表盈利指标经过多元回归分析的结果。从表中可以看到，内部控制指数的系数为 0.006，在 5%

第4章 内部控制与企业竞争力实证研究

的水平上显著。这说明内部控制质量同总资产回报率增长率存在正相关关系,验证了假设3-1,内部控制质量高的上市公司的成长能力要高于质量低的上市公司,高质量的内部控制能够促进成长能力的提升。

内部控制指数与产权性质的交互变量的系数为0.008,并在5%的水平上显著,说明内部控制指数与产权性质的交互变量与盈利能力存在正相关关系,拒绝了假设3-2。

②回归模型3-2的分析结果如表4-17所示,以是否披露内部控制审核报告作为自变量,考察内部控制质量对企业成长能力的影响。

表4-17的左半部分以净利润增长率和作为代表盈利指标经过多元回归分析的结果。从表中可以看到,内部控制指数的系数为0.091,在5%的水平上显著。这说明内部控制质量同净利润增长率存在正相关关系,验证了假设3-1,高质量的内部控制可以有效地提高企业的成长能力。

内部控制指数与产权性质的交互变量的系数为0.36,并不显著,不能拒绝或者接受假设3-2。

表4-17 回归模型3-2多元线性回归分析表

变量	NPGR 系数	Pr>|t|	变量	AGR 系数	Pr>|t|
Intercept	−10.862	<0.0001	Intercept	−0.837***	<0.0001
IC	0.091**	0.0332	IC	0.044**	0.0019
IC * NSOE	0.36	0.5447	IC * NSOE	0.037	0.1941
SIZE	0.0611***	<0.0001	SIZE	0.045***	<0.0001
LEV	−4.556***	<0.0001	LEV	0.050*	0.0867
NSOE	−0.01	0.5447	NSOE	−0.005	0.6356
NDR	0.921	0.6487	NDR	−0.165*	0.0717
SEP	1.606*	0.0713	SEP	−0.026	0.5153

续表

NPGR		AGR	
INDUSTRY	已控制	INDUSTRY	已控制
YEAR	已控制	YEAR	已控制
N	4790	N	1795
F统计量	55.7	F统计量	12.76
ADJ-R2	0.1451	ADJ-R2	0.1127

注:***表示在1%水平显著,**表示在5%水平显著,*表示在10%水平显著。

表4-17的右半部分以总资产回报率增长率作为代表盈利指标经过多元回归分析的结果。从表中可以看到,内部控制指数的系数为0.044,在5%的水平上显著。这说明内部控制质量同总资产回报率增长率存在正相关关系,验证了假设3-1,内部控制质量高的上市公司的成长能力要高于质量低的上市公司,高质量的内部控制能够促进成长能力的提升。

内部控制指数与产权性质的交互变量的系数为0.0037,并不显著,不能拒绝或者接受假设3-2。

综述所述,高质量的内部控制可以通过增强企业的成长能力,从而增强企业的竞争力,而实际控制人的产权性质并不会通过内部控制增强企业的成长能力。

(3)稳健性检验

本节还做了一系列稳健性检验。

首先,我们用替代变量的方法进行稳健性检验。对解释变量和被解释变量均采用了替代变量进行再次检验。对作为解释变量的内部控制质量指标,采用了内部控制指数与行业内部控制指数平均数的差分替代内部控制指数对上述模型进行回归分析,研究结果保持不变。对作为被解释变量的成长能力指标,采用营业利润增长率代替净利润增长率进行回归分析,研究结果也保持不变。

其次，用改变样本量的方法进行稳健性检验。很多中小板上市公司也发布了内部控制自我评价报告和会计师事务所出具的内部控制鉴证报告。将中小板样本加入后进行回归分析，研究结果也保持不变。

4.5 内部控制与现金产生能力

4.5.1 研究假设

经历过 2008 年金融危机的上市公司大都有过"现金为王"的经历。手中缺乏现金，举步维艰，生存都很困难，更不要说竞争力了。因此，将现金称为企业的生命线也不为过。现金资产过多，会减少企业的盈利，加大资金成本；而如果现金资产过少，则会引起经营困难，还很有可能会引发破产。但从总体上来说，竞争力强的企业一般现金都很充裕，而竞争力弱的企业则相反。

根据折现现金流量估值理论，企业的价值是未来现金流量根据特定的折现率折现的结果，产生现金的能力对企业价值产生直接的影响。如果企业产生现金能力强，那么企业的价值就高；反之，如果企业产生现金的能力弱，那么企业的价值就低。内部控制通过产生现金能力，可以直接影响企业价值。

企业的现金来源有三个方面：一是通过经营所得；二是通过投资所得；三是通过筹资所得。通过经营方式获得的现金主要表现出盈利能力、现金回收能力，以及与经营相关的非正常损失三个方面。盈利能力前面已经进行分析，这里不再赘述。现金回收能力也是影响未来现金流量的重要因素，内部控制在对收款风险评估的基础上，进行控制措施的实施与落实，可以促进产生现金能力的提高。

内部控制建设强调改善企业的内控环境，它在一定程度上决定了公司投资决策的可靠性和合理性。高质量的内部控制可以通过抑制过度投资，增强企业产生现金的能力。内部控制的制衡机制，可避免发生道德风险和逆向选择。一方面，限制代理人做出不恰当的投资行为，及时阻止不合理的关联交易；另一方面，激励代理人做出合理的投资决策。

高质量的内部控制有助于提高会计信息质量，减轻信息不对称的程度，使投资者更好地预计未来现金流量和企业价值，从而可以增强企业的筹资能力。

基于以上分析，可以提出以下假设。

假设4-1：高质量的内部控制，可以有效地提高企业的现金产生的能力。

"掏空"（Tunneling）是一个较为普遍存在的一个代理问题。"掏空"一般是指大股东侵占或者实际控制人侵占中小股东的利益，将财产和利润转移出去的行为，而转出去的往往是现金。因此，"掏空"行为严重地损害了企业的现金产生能力，从而影响企业的竞争力。

带有国有产权性质的大股东、母公司往往借助上市公司在资本市场上"圈钱"。其目的一般是小集体的利益，而不是为了大集体和国家的利益。国有产权造成真正所有者缺位，作为国有企业所有者的国家有动力敦促国有企业加强内部控制，从而减轻所有者与实际控制人之间的代理问题。国有企业内部控制系统建设和实施的落实者是其管理层，但其决策权属于实际控制人。作为所有者的国家实际控制人，只能通过内部控制相关信息的披露或者偶尔的抽查（往往也会事先进行通知），来确定内部控制的建设和实施状况。实际控制人出于政治前途与控制利益均衡考虑的结果，很可能在政府部门的推动下加强内部控制建设和实施，积极披露内部控制相关的信息。但由于内部控制系统的固有缺陷，只有完善的监督体系才能使其有效运行。而由于所有者缺位，监督环节缺失了一环，导致实际控制人通过内部控制的漏洞脱离内部控制的控制环节，由此打通"掏空"的通道，进行资产和利润的转移。

基于以上分析，可以提出以下假设。

假设4-2：高质量的内部控制，可以有效地提高企业的营运能力。不同产权性质企业，通过内部控制提高现金产生能力的效率不同。

4.5.2 研究设计

本节通过构建以下模型，来检验假设4-1和假设4-2。

$$CPA_{it}=\alpha_0+\alpha_1 CON_{it}+\alpha_2 ICQ\times NSOE+\alpha_3 NSOE_{it}+\alpha_4 LEV_{it}+\alpha_5 SIZE_{it}+\gamma_j CONTROL_{it}+\varepsilon_{it} \quad (4-1)$$

$$CPA_{it}=\alpha_0+\alpha_1 IC_{it}+\alpha_2 ICQ\times NSOE+\alpha_3 NSOE_{it}+\alpha_4 LEV_{it}+\alpha_5 SIZE_{it}+\gamma_j CONTROL_{it}+\varepsilon_{it} \quad (4-2)$$

模型（4-1）和模型（4-2）的有关变量定义见表4-18。

表4-18 主要变量定义表

变量	定义
现金产生能力 Cash Generating Abilit	
每股经营活动现金流 NCFO	经营现金净流量/总股数
总资产经营现金回收率 TCR	经营现金净流量/全部资产
内部控制质量	
内部控制评价指标 CON	迪博内部控制指数
内部控制审核报告 IC	披露内部控制审核报告或者鉴证报告取1，未披露取0
产权性质	
产权性质 NSOE	实际控制人国有取1，非国有取0

续表

变量	定义
产权性质交叉项 CON * NSOE	内部控制评价指标与产权性质的交叉项
产权性质交叉项 IC * NSOE	内部控制审核报告与产权性质的交叉项
控制变量	
独董比例 NDR	独立董事占董事总人数的比例
股权制衡的 SEP	前5大股东持股比例平方和
规模 SIZE	期末资产总额的自然对数
财务杠杆 LEV	期末资产负债率,年末负债总额/年末资产总额
年度 YEAR	自然年度
行业 INDUSTRY	按照中国证监会《上市公司行业分类指引》制定的一级分类

(1) 现金产生能力变量

现金产生能力变量是被解释变量,本节采用每股经营活动现金流(NCFO)和总资产经营现金回收率(TCR)作为度量企业现金产生能力的指标。现金是流通性最强的资产,任何企业对其都有强烈的依赖性,利润最终都要转化成现金流入企业。而对企业而言,最可靠、最稳健的是经营活动所产生的现金流。本书选用每股经营活动现金流度量现金产生能力的变量。

每股经营活动现金流是经营活动流量与总股数的比例。总资产经营现金回收率是考虑了企业规模后的净经营活动现金流。

(2) 产权性质及交叉变量

产权性质变量是一个哑变量,表示实际控制人的所有权性质。如果实际控制人属于国有,那么该变量取值为1。如果实际控制人属于其他产权性质,那么该变量取值为0。

产权性质交叉项是内部控制质量变量与产权性质变量的乘积,为了验证产权性质为国有的实际控制人是否通过内部控制的局限性,游离于系统之外。

（3）控制变量

本章选取了可能会影响企业竞争力的变量作为控制变量，包括规模、风险、独董比例、股权制衡度、年度和行业等变量。

本书根据中国证券监督管理委员会颁布的行业分类指引，剔除金融保险业后，对12个行业设置了哑变量。

（4）数据来源及样本说明

数据来源于三个部分，度量内部控制质量的数据来自于深圳市迪博企业风险管理技术有限公司和手工收集的上市公司内部控制审核报告（或称内部控制鉴证报告），其他财务信息和相关信息均来自国泰安数据库。

在样本的选取过程中，剔除了以下公司：金融保险业公司；ST公司；主变量数据缺失的公司。

本书选取的两个度量内部控制质量的指标由于时间和性质不同，采用不同的样本池。

①以迪博公司内部控制指数为解释变量的模型。

研究样本选取了2009—2011年深沪两市主板上市的A股公司，剔除了内部控制指数为空的数据。内部控制为空，是由于上市公司未披露自我评估报告或者未披露相关的内部控制信息，并不代表内部控制质量为0。经过整理，本章中该模型共获得3473个样本。

②以披露内部控制审核报告或鉴证报告为解释变量的模型。

样本选取了2010—2011年深沪两市主板上市的A股公司，经过整理，本章中该模型共获得1826个样本。

4.5.3 实证结果

（1）统计性描述

表4-19是模型4-1的主要变量的描述性统计。从表4-19中可以看到，

每股经营活动现金流（NCFO）的均值为 0.417，中位数为 0.314。这说明我国的上市公司近四年来现金流还很充裕，现金产生能力较强。上市公司最高的每股经营活动现金流能够达到 3.925，而最差的上市公司是 -2.303，标准差高达 0.874。这说明我国 A 股主板市场上的上市公司现金产生能力差别很大。而总资产经营现金回收率（AGR）的均值为 0.049，中位数为 0.048，最高的上市公司达到 0.279，规模化后的现金产生能力也是很不错。这可能是与近几年整体经济复苏和银行的宽松政策有关。但是现金流很可能伴随着投资风险的畏惧，错失投资机会。

表 4-19 模型 4-1 主要变量描述性统计

变量名称	观测值	变量符号	均值	中位数	最大值	最小值	标准差
迪博内控指数	3473	CON	6.865	6.907	9.932	1.561	1.027
每股经营活动现金流	3473	NCFO	0.417	0.314	3.925	-2.303	0.874
总资产经营现金回收率	3473	TCR	0.049	0.048	0.279	-0.215	0.085
产权性质	3473	NSOE	0.308	0	1	0	0.462
产权性质交叉项	3473	CON*NSOE	2.052	0	9.775	0	3.129
独董比例	3473	NDR	0.364	0.333	0.714	0.003	0.127
股权制衡度	3473	SEP	0.169	0.137	0.759	0.003	0.127
规模	3473	SIZE	21.457	21.356	27.616	14.158	1.197
资产负债率	3473	LEV	0.615	0.511	124.022	0.008	2.449

表 4-20 是模型 4-2 的主要变量的描述性统计。从表 4-20 中看到，虽然两个模型的样本池的并不同，但其每股经营活动现金流和总资产经营现金回收率各项指标都大致一样，说明这些数值大致代表了我国上市公司的整体状况。

表4-20 模型4-2主要变量描述性统计

变量名称	观测值	变量符号	均值	中位数	最大值	最小值	标准差
内部控制审核报告	1825	IC	0.368	0	1	0	0.482
每股经营活动现金流	1825	NCFO	0.042	0.036	0.229	-0.149	0.056
总资产经营现金回收率	1825	TCR	2.005	1.532	9.864	0.793	0.461
产权性质	1825	NSOE	0.283	0	1	0	0.450
产权性质交叉项	1825	IC * NSOE	0.088	0	1	0	0.283
独董比例	1825	NDR	0.362	0.333	0.625	0.143	0.053
股权制衡度	1825	SEP	0.182	0.156	0.799	0.0005	0.132
规模	1825	SIZE	22.051	21.876	27.805	17.88	1.311
资产负债率	1825	LEV	0.514	0.525	1.073	0.009	0.186

(2) 多元回归分析

①回归模型4-1的分析结果如表4-21所示，以迪博内部控制指数作为自变量，考察内部控制质量对企业现金产生能力的影响。

表4-21 回归模型4-1多元线性回归分析表

	NCFO			TCR		
变量	系数	Pr >|t|	变量	系数	Pr >|t|
Intercept	-2.548	<0.0001	Intercept	0.005	0.8343
CON	0.083***	<0.0001	CON	0.006**	0.0009
CON * NSOE	-0.06**	0.0231	CON * NSOE	-0.003	0.2712
SIZE	0.122***	<0.0001	SIZE	-0.41*	0.0542
LEV	-0.067	0.4207	LEV	-0.71***	<0.0001
NSOE	0.425**	0.0326	NSOE	0.018	0.0936
NDR	-1.046***	<0.0001	NDR	-0.094**	0.0002
SEP	-0.058	0.6162	SEP	-0.0001	0.9956

续表

变量	NCFO 系数	Pr>|t|	变量	TCR 系数	Pr>|t|
INDUSTRY	已控制		INDUSTRY	已控制	
YEAR	已控制		YEAR	已控制	
N	3472		N	3472	
F 统计量	181.9		F 统计量	20.88	
ADJ-R2	0.1165		ADJ-R2	0.1119	

注：***表示在1%水平显著，**表示在5%水平显著，*表示在10%水平显著。

表 4-21 的左半部分以每股经营活动现金流作为代表盈利指标经过多元回归分析的结果。从表中可以看到，内部控制指数的系数为 0.083，在 1% 的水平上显著。这说明内部控制质量同净利润增长率存在正相关关系，验证了假设 4-1，高质量的内部控制可以有效的提高企业的现金产生能力。

内部控制指数与产权性质的交互变量的系数为 -0.06，并在 5% 的水平上显著。这说明内部控制指数与产权性质的交互变量与每股经营活动现金流存在负相关关系，验证了假设 4-2。虽然高质量的内部控制，可以有效地提高企业的现金产生能力，但实际控制人为国有产权性质时，由于真正所有者缺位，使其可能游离于内部控制系统之外，采用"掏空"的行为从上市公司转移资产和利润，从而降低企业的每股经营活动现金流。

表 4-21 的右半部分以总资产经营现金回收率作为代表现金产生能力指标经过多元回归分析的结果。从表中可以看到，内部控制指数的系数为 0.006，在 5% 的水平上显著。这说明内部控制质量同总资产经营现金回收率存在正相关关系，验证了假设 4-1，内部控制质量高的上市公司的现金产生能力要高于质量低的上市公司，高质量的内部控制能够促进现金产生能力。

内部控制指数与产权性质的交互变量的系数为 -0.003，并不显著，不能验证假设 4-2。

②回归模型 4-2 的分析结果如表 4-22 所示,以是否披露内部控制审核报告作为自变量,考察内部控制质量对企业现金产生能力的影响。

表 4-22 的左半部分以每股经营活动现金流作为代表现金产生指标经过多元回归分析的结果。从表中可以看到,内部控制指数的系数为 0.293,在 1% 的水平上显著。这说明内部控制质量同每股经营活动现金流每股经营活动现金流存在正相关关系,验证了假设 4-1,高质量的内部控制可以有效地提高企业的成长能力。

内部控制指数与产权性质的交互变量的系数为 0.53,并不显著,不能拒绝或者接受假设 4-2。

表 4-22 的右半部分以总资产经营现金回收率作为代表现金产生能力指标经过多元回归分析的结果。从表中可以看到,内部控制指数的系数为 0.025,在 1% 的水平上显著。这说明内部控制质量同总资产回报率增长率存在正相关关系,验证了假设 4-1,内部控制质量高的上市公司的现金产生能力要高于质量低的上市公司,高质量的内部控制能够促进现金产生能力。

内部控制指数与产权性质的交互变量的系数为 0.0127,并不显著,不能拒绝或者接受假设 4-2。

表 4-22　回归模型 4-2 多元线性回归分析表

变量	NCFO 系数	Pr >|t|	变量	TCR 系数	Pr >|t|
Intercept	-2.574***	<0.0001	Intercept	-0.017	0.6376
IC	0.293***	<0.0001	IC	0.025***	<0.0001
IC * NSOE	0.053	0.6380	IC * NSOE	0.012	0.2545
SIZE	0.136***	<0.0001	SIZE	0.003*	0.0287
LEV	-0.042	0.7053	LEV	-0.061***	<0.0001
NSOE	-0.065	0.1550	NSOE	-0.007	0.0936

续表

变量	NCFO 系数	Pr >| t|	变量	TCR 系数	Pr >| t|
NDR	-0.711*	0.0443	NDR	-0.05**	0.1136
SEP	-0.079	0.6072	SEP	-0.006*	0.6712
INDUSTRY	已控制		INDUSTRY	已控制	
YEAR	已控制		YEAR	已控制	
N	1825		N	1825	
F统计量	15.57		F统计量	13.98	
ADJ-R2	0.1369		ADJ-R2	0.1238	

注：***表示在1%水平显著，**表示在5%水平显著，*表示在10%水平显著。

(3) 稳健性检验

本节还做了一系列稳健性检验。

首先，用替代变量的方法进行稳健性检验。对解释变量和被解释变量均采用了替代变量进行再次检验。对作为解释变量的内部控制质量指标，采用了内部控制指数与行业内部控制指数平均数的差分替代内部控制指数对上述模型进行回归分析，研究结果保持不变。对作为被解释变量的现金产生能力指标，采用经营活动产生的现金流量净额增长率代替每股经营活动现金流进行回归分析，研究结果也保持不变。

其次，用改变样本量的方法进行稳健性检验。很多中小板上市公司也发布了内部控制自我评价报告和会计师事务所出具的内部控制鉴证报告。将中小板样本加入后进行回归分析，研究结果也保持不变。

4.6 本章小结

本章从四个维度考察内部控制对企业竞争力的影响。通过经验证据检验，发现内部控制对企业竞争力有促进作用。

第一、内部控制质量与营运能力存在正相关关系，高质量的内部控制能够提高企业的营运能力。

第二，内部控制质量与盈利能力存在正相关关系，但内部控制对盈利能力的影响力较弱。高质量的内部控制能够提高企业的盈利能力，但能够发挥的作用有限。

第三，内部控制质量与成长能力存在正相关关系，高质量的内部控制能够提高企业的成长能力。与对盈利能力的系数进行对比可以发现，内部控制更能为企业带来长期的收益。

第四，内部控制质量与现金产生能力存在正相关关系，高质量的内部控制能为企业带来现金产生能力的增强。但过度的控制，会导致机会成本的丧失。

进一步对产权性质通过内部控制的对竞争力的影响进行研究后发现，虽然上市公司的实际控制人为国有产权性质时，由于所有者缺位，其可能游离于内部控制系统之外，从而降低企业的包括市场占有率、现金产生能力在内的企业竞争力。

我们通过研究内部控制质量与托宾 Q 值的关系时还发现，我国上市公司的内部控制建设并没有得到市场的认可。我国对内部控制建设的推行力度很大，上市公司纷纷组成专业的内部控制机构进行内部控制系统的设计、建设、实施和评价，目的是为了提高上市公司的会计信息质量，提高企业的经济效益，增强投资者的信心。从对托宾 Q 值的回归分析结果可以看到，无论是从会计信息质量提高的角度而言，还是从内部控制对未来收益的推高作用的预期来说，投资者并未认可内部控制建设和实施的效果。

第 5 章 内部控制与代理成本实证研究

5.1 引言

现代内部控制理论与实践发展的热潮是由安然等国际大型公司的财务舞弊事件所引发的，而财务舞弊行为引发的企业失败是一种典型的代理成本问题。

委托代理理论中两类代理问题是股东与债权人的债务代理问题和股东与经理人之间的代理问题。引发代理问题的最主要原因就是因为信息不对称，委托人无法直接观测到代理人的行为，而引发委托人与代理人效用目标不一致而导致的代理冲突，发生了代理成本。

内部控制的目标之一是解决代理问题，降低信息不对称的程度，减少代理成本。但对于内部控制是否可以降低代理成本，存在不一致的观点。

一方认为，内部控制可以降低代理成本。内部控制一方面通过提供高质量的会计信息及相关信息而降低代理成本。根据委托代理理论，信息不对称是导致出现代理成本的主要因素。信息优势的一方会通过信息的不对称做出损人利己的行为。内部控制通过其信息与沟通要素，减少信息劣势一方所面临的信息不对称问题。会计信息的披露是解决委托代理问题中信息不对称的重要手段之一，而内部控制能够为会计信息的可靠性提供合理保证的过程，高质量的内部控制有助于提高会计信息质量（Ashbaugh-Skaife et al.，2008；Doyle et al.，2007a），减少财务报告的信息不确定性，增加信息的透明度，从而降低代理成本。另一方面通过控制活动对代理人的活动限制和威慑性作用，对代理成本进行事中的控制，从而减少企业的代理成本。

另一方认为，内部控制不会降低代理成本。内部控制的建设和实施都是需要支付成本的，为加强内部控制的成本同样也是一种代理成本，不会直接产生收益。如果增加的成本高于降低的代理成本，那么实际上代理成本不仅不会因为内部控制的加强而减少，反而会增加代理成本。

代理人无论是债务代理关系中的股东作为的，还是经理人代理关系中的经理人代理人，他们在内部控制系统中都相对于委托人处于主导地位。代理人通过在内部控制的较高地位，可能会在内部控制系统进行信息欺诈或逃避内部控制的辖域，从而无法降低代理成本。

因此，本章主要的研究目的是通过经验证据检验高质量的内部控制是否有效地降低代理成本。由于代理冲突有两种，本章也从债务代理问题和经理人代理问题两个方面来研究，内部控制是否可以降低债务的代理成本和经理人的代理成本。

5.2 内部控制与股东—债权人债务代理成本

5.2.1 研究假设

债务代理成本是由于债权人将资产的使用权让渡给债务人，债务人收取固定收益形成契约后由于债权人与债务人利益不一致而导致的损失。

债务的代理成本主要包括未按时按额还款带来的损失、机会成本、监控成本和担保成本等。机会成本是债权人将资金出借给债务人而丧失的从其他渠道获取收益与借款利息的差额。债权人的监控成本是债权人为了避免债务人将资金挪作他用造成损失,而对债务人采取监控措施而发生的成本。担保成本是债务人为了从债权人获得资金而为自己的行为进行担保所发生的成本。

债权人为了降低自己的代理成本,会向债务人提出的保障条件来确保自身的利益,包括提高利率、增加担保、增加信息透明度等方式。提高利率、增加担保等这些行为,都会增加债务人的代理成本。债务人为了不增加其债务代理成本,往往希望通过其他手段来解决代理问题。内部控制就是解决途径之一。从前面的分析可以看到,内部控制不一定能降低企业的债务代理成本。尤其我国目前的内部控制制度正处于初步推进的状态,投资者对其认可度不并不是很高,因此我们提出假设5。

假设5:高质量的内部控制,不能降低企业的债务代理成本。

5.2.2 研究设计

本节通过构建以下模型,来检验假设5。

$$COD_{it} = a_0 + a_1 CON_{it} + a_2 NSOE_{it} + a_3 LEV_{it} + a_4 SIZE_{it} + \gamma_j CONTROL_{it} + \varepsilon_{it}$$

(5-1)

$$COD_{it} = a_0 + a_1 IC_{it} + a_2 NSOE_{it} + a_3 LEV_{it} + a_4 SIZE_{it} + \gamma_j CONTROL_{it} + \varepsilon_{it} \quad (5-2)$$

模型5中的的有关变量定义见表5-1。

表5-1 主要变量定义表

变量	定义
债务代理成本	
债务成本 COD	财务费用/付息债务总额

续表

变量	定义
内部控制质量	
内部控制评价指标 CON	迪博内部控制指数
内部控制审核报告 IC	披露内部控制审核报告或者鉴证报告取 1,未披露取 0
控制变量	
规模 SIZE	期末资产总额的自然对数
财务杠杆 LEV	期末资产负债率,年末负债总额/年末资产总额
产权性质 NSOE	实际控制人国有取 1,非国有取 0
管理层持股比例 MSR	管理层持股份额/总股数
独董比例 NDR	独立董事占董事总人数的比例
股权制衡的 SEP	公司前 5 位大股东持股比例的平方和
总资产回报率 ROA	净利润/资产平均总额
董事长与总经理兼任情况 CC	董事长与总经理兼任情况,如兼任,取 1;非兼任,取 0
年度 YEAR	自然年度
行业 INDUSTRY	按照中国证监会《上市公司行业分类指引》制定的一级分类

(1) 债务代理成本变量

债务代理成本变量是被解释变量。根据现有文献,债务代理成本常采用两种度量方式:一种是债务的事前成本,即企业的信用等级;另一种是债务的事后成本,即企业的贷款利率。本节中采用债务的事后成本,即企业的贷款利率。由于并非所有的样本内上市公司都披露了贷款利率,因此采用财务费用与付息债务总额的比率来间接计算期贷款利率。

(2) 控制变量

本节根据现有文献对债务代理成本的研究选取了可能会影响经理人代

理成本的变量作为控制变量,包括规模、风险、产权性质、两职合一、管理层持股比例,独董比例、股权制衡度、年度和行业等变量。

本书根据中国证券监督管理委员会颁布的行业分类指引,剔除金融保险业后,对12个行业设置了哑变量。

(3) 数据来源及样本的说明

数据来源于三个部分,度量内部控制质量的数据来自于深圳市迪博企业风险管理技术有限公司和手工收集的上市公司内部控制审核报告(或称内部控制鉴证报告)。除上述数据外,其他财务信息和相关信息均来自国泰安数据库。

在样本的选取过程中,剔除了以下公司:金融保险业公司;ST公司;主变量数据缺失的公司。

本书选取的两个度量内部控制质量的指标由于时间和性质不同,采用不同的样本池。

①以迪博公司内部控制指数为解释变量的模型。

研究样本选取了2009—2011年深沪两市主板上市的A股公司,剔除了内部控制指数为空的数据。内部控制为空,是由于上市公司未披露自我评估报告或者未披露相关的内部控制信息,并不代表内部控制质量为0。经过整理,本章中该模型共获得3407个样本。

②以披露内部控制审核报告或鉴证报告为解释变量的模型。

样本选取了2010—2011年深沪两市主板上市的A股公司,经过整理,本章中该模型共获得1906个样本。

5.2.3 实证结果

(1) 统计性描述

表5-2是模型5-1的主要变量的描述性统计。从表5-2中可以看到,

债务代理成本（COD）的均值为4.8%，中位数为1.9%。这说明我国的上市公司债务代理成本并不高，代理人没有动力通过内部控制的建设和实施降低债务代理成本。

表5-2 模型5-1主要变量描述性统计

变量名称	观测值	变量符号	均值	中位数	最大值	最小值	标准差
债务代理成本	3407	COD	0.048	0.019	0.822	0.000	0.118
迪博内控指数	3407	CON	6.855	6.904	9.932	1.562	1.022
规模	3407	SIZE	21.931	21.804	27.805	17.769	1.213
财务杠杆	3407	LEV	0.514	0.525	1.073	0.007	0.184
产权性质	3407	NSOE	0.312	0.000	1.000	0.000	0.463
管理层持股比例	3407	MSR	0.001	0.000	0.575	0.000	0.017
独董比例	3407	NDR	0.364	0.333	0.714	0.143	0.053
股权制衡的	3407	SEP	0.170	0.138	0.760	0.003	0.127
总资产回报率	3407	ROA	0.042	0.036	0.229	-0.149	0.057
董事长与总经理兼任情况	3407	CC	0.123	0.000	1.000	0.000	0.329

表5-3是模型5-2的主要变量的描述性统计。从表5-2中可以看到，债务代理成本（COD）的均值为4.8%，中位数为1.8%。这说明我国的上市公司债务代理成本并不高，代理人没有动力通过内部控制的建设和实施降低债务代理成本。

表5-3 模型5-2主要变量描述性统计

变量名称	观测值	变量符号	均值	中位数	最大值	最小值	标准差
债务代理成本	1906	COD	0.048	0.018	0.822	0.000	0.122
内部控制审核报告	1906	IC	0.247	0.000	1.000	0.000	0.431
规模	1906	SIZE	21.978	21.865	27.805	17.879	1.257
财务杠杆	1906	LEV	0.512	0.527	0.998	0.007	0.190

续表

变量名称	观测值	变量符号	均值	中位数	最大值	最小值	标准差
产权性质	1906	NSOE	0.316	0.000	1.000	0.000	0.465
管理层持股比例	1906	MSR	0.001	0.000	0.575	0.000	0.019
独董比例	1906	NDR	0.364	0.333	0.714	0.143	0.053
股权制衡度	1906	SEP	0.168	0.135	0.800	0.001	0.128
总资产回报率	1906	ROA	0.043	0.036	0.229	-0.149	0.056
董事长与总经理兼任情况	1906	CC	0.128	0.000	1.000	0.000	0.334

(2) 多元回归分析

回归模型 5-1 的分析结果如表 5-4 所示，以迪博内部控制指数作为自变量，考察内部控制质量对债务代理成本的影响。

从表 5-4 中可以看到，内部控制指数的系数为 0.015，在 1% 的水平上显著。这说明内部控制质量同债务代理成本存在正相关关系，内部控制质量越高，债务代理成本越高，验证了假设 5。

表 5-4　回归模型 5-1 多元线性回归分析表

变量	系数	T 值	Pr>|t|
Intercept	0.453***	11.00	<0.0001
CON	0.015***	7.55	<0.0001
SIZE	-0.024***	-12.66	<0.0001
LEV	-0.067***	-5.37	<0.0001
NSOE	-0.006	-1.32	0.1883
MSR	0.330**	2.93	0.0034
NDR	0.038	1.07	0.2840
SEP	0.138***	8.67	<0.0001
ROA	-0.076*	-1.97	0.0511
CC	0.011*	1.95	0.7880

续表

变量	系数	T值	Pr>|t|
INDUSTRY		已控制	
YEAR		已控制	
N		3406	
F统计量		18.97	
ADJ-R2		0.1082	

注:***表示在1%水平显著,**表示在5%水平显著,*表示在10%水平显著。

回归模型5-2的分析结果如表5-5所示,以是否披露的内部控制审核报告作为自变量,考察内部控制质量对债务代理成本的影响。

从表中可以看到,内部控制指数的系数为0.018,在5%的水平上显著。这说明内部控制质量同债务代理成本存在正相关关系,内部控制质量越高,债务代理成本越高,验证了假设5。

表5-5 回归模型5-1多元线性回归分析表

变量	系数	T值	Pr>|t|
Intercept	0.481***	8.54	<0.0001
IC	0.018**	2.85	0.0044
SIZE	-0.019***	-7.29	<0.0001
LEV	-0.071***	-4.14	<0.0001
NSOE	-0.002	-0.39	0.6989
MSR	0.457**	3.31	0.001
NDR	0.006	0.12	0.9066
SEP	0.138***	6.23	<0.0001
ROA	-0.009	-0.16	0.8742
CC	-0.010	-1.2	0.229
INDUSTRY		已控制	
YEAR		已控制	

续表

变量	系数	T值	Pr>|t|
N		1905	
F统计量		27.97	
ADJ-R2		0.1818	

注：***表示在1%水平显著，**表示在5%水平显著，*表示在10%水平显著。

(3) 稳健性检验

本节还做了一系列稳健性检验。

首先，用替代变量的方法进行稳健性检验。对解释变量和被解释变量均采用了替代变量进行再次检验。对作为解释变量的内部控制质量指标，采用了内部控制指数与行业内部控制指数平均数的差分，替代内部控制指数对上述模型进行回归分析，研究结果保持不变。

其次，用改变样本量的方法进行稳健性检验。很多中小板上市公司也发布了内部控制自我评价报告和会计师事务所出具的内部控制鉴证报告。将中小板样本加入后进行回归分析，研究结果也保持不变。

5.3 内部控制与经理人代理成本

5.3.1 研究假设

委托代理理论认为，现代企业的所有权与经营权分离的组织形态，必然导致管理决策与风险的分离，因此经理人就不一定以股东的最大利益作为自己的行动准则，于是产生了经理人的代理问题。为了解决经理人代理问题对公司价值的影响问题，学者们提出了相应的对策，促使经理人与股东的利益达成一致，主要包括：资本市场激励、报酬激励、内部监督、公司治理结构、投资机构监督、股票期权激励、思维模式和价值观、收购威胁、经理人市场竞争等一系列策略。美国证监会颁布了"塞班斯法案"、中国颁布了《内部控制基本规范》，其目的就是为了通过推动内部控制的建设和实施，解决经理人代理问题，降低代理成本，促进各方利益最大化。但正如在前言中所分析的那样，我国目前的内部控制正在处于初期建设阶段，为内部控制所增加的成本很大，而内部控制的作用仍需在企业中完善运行后才能发挥。

基于以上分析，可以提出下面的假设。

假设6：高质量的内部控制，不能有效地降低经理人代理成本。

5.3.2 研究设计

本节通过构建以下模型，来检验假设6。

$$CM_{it} = \alpha_0 + \alpha_1 CON_{it} + \alpha_2 NSOE_{it} + \alpha_3 LEV_{it} + \alpha_4 SIZE_{it} + \gamma_j CONTROL_{it} + \varepsilon_{it} \quad (6-1)$$

$$CM_{it} = \alpha_0 + \alpha_1 IC_{it} + \alpha_2 NSOE_{it} + \alpha_3 LEV_{it} + \alpha_4 SIZE_{it} + \gamma_j CONTROL_{it} + \varepsilon_{it} \quad (6-2)$$

模型6-1和模型6-2中的的有关变量定义见表5-6。

（1）经理人代理成本变量

经理人代理成本变量是被解释变量，本节中采用管理费用率（CM）代表代理成本。现有文献中对经理人代理成本的计量一般有两种方式，一种是直接计量法，另一种是间接计量法。直接计量的方法中，常用的有两种方法[1]：管理费用率法和资产周转率法。由于资产周转率属于效率指标，并非直接的成本指标，本书选用了管理费用率来直接计量经理人代理成本。间接计量法是通过影响代理成本的公司因素来替代代理成本（李明辉，2005）。

---

[1] Ang et al. 于2000年提出的，使用最为广泛。

(2) 控制变量

本节根据现有文献对经理人代理成本的研究选取了可能会影响经理人代理成本的变量作为控制变量，包括规模、风险、产权性质、两职合一、管理层持股比例，独董比例、股权制衡度、年度和行业等变量。

本书根据中国证券监督管理委员会颁布的行业分类指引，剔除金融保险业后，对12个行业设置了哑变量。

表5-6 主要变量定义表

变量	定义
经理人代理成本	
管理费用率 CM	管理费用/营业收入
内部控制质量	
内部控制评价指标 CON	迪博内部控制指数
内部控制审核报告 IC	披露内部控制审核报告或者鉴证报告取1，未披露取0
控制变量	
产权性质 NSOE	实际控制人国有取1，非国有取0
管理层持股比例 MSR	管理层持股数/总股数
两职合一 CC	两职合一取1，非两职合一取0
独董比例 NDR	独立董事占董事总人数的比例
股权制衡度 SEP	前5大股东持股比例平方和
总资产回报率 ROA	净利润/资产平均总额
规模 SIZE	期末资产总额的自然对数
财务杠杆 LEV	期末资产负债率，年末负债总额/年末资产总额
年度 YEAR	自然年度
行业 INDUSTRY	按照中国证监会《上市公司行业分类指引》制定的一级分类

(3) 数据来源及样本的说明

数据来源于三个部分，度量内部控制质量的数据来自于深圳市迪博企业风险管理技术有限公司和手工收集的上市公司内部控制审核报告（或称内部控制鉴证报告）。除上述数据外，其他财务信息和相关信息均来自国泰安数据库。

在样本的选取过程中，剔除了以下公司：金融保险业公司；ST 公司；主变量数据缺失的公司。

本书选取的两个度量内部控制质量的指标由于时间和性质不同，采用不同的样本池。

①以迪博公司内部控制指数为解释变量的模型。

研究样本选取了 2009—2011 年深沪两市主板上市的 A 股公司，剔除了内部控制指数为空的数据。内部控制为空，是由于上市公司未披露自我评估报告或者未披露相关的内部控制信息，并不代表内部控制质量为 0。经过整理，本章中该模型共获得 3407 个样本。

②以披露内部控制审核报告或鉴证报告为解释变量的模型。

样本选取了 2010—2011 年深沪两市主板上市的 A 股公司，经过整理，本章中该模型共获得 1906 个样本。

5.3.3 实证结果

(1) 统计性描述

表 5-8 是模型 6-1 的主要变量的描述性统计。从表 5-7 中可以看到，经理人代理成本（CM）的均值为 14.3%，中位数为 6.7%，说明我国的上市公司经理人代理成本比较高。

表 5-7 模型 6-1 主要变量描述性统计

变量名称	观测值	变量符号	均值	中位数	最大值	最小值	标准差
经理人代理成本	3407	CM	0.143	0.067	2.158	0.001	0.274
迪博内控指数	3407	CON	6.855	6.904	9.932	1.562	1.022
规模	3407	SIZE	21.931	21.804	27.805	17.769	1.213
财务杠杆	3407	LEV	0.514	0.525	1.073	0.007	0.184
产权性质	3407	NSOE	0.312	0.000	1.000	0.000	0.463
管理层持股比例	3407	MSR	0.001	0.000	0.575	0.000	0.017
独董比例	3407	NDR	0.364	0.333	0.714	0.143	0.053
股权制衡度	3407	SEP	0.170	0.138	0.760	0.003	0.127
总资产回报率	3407	ROA	0.042	0.036	0.229	-0.149	0.057
董事长与总经理兼任情况	3407	CC	0.123	0.000	1.000	0.000	0.329

表 5-9 是模型 6-2 的主要变量的描述性统计。从表 5-8 中，可以看到，经理人代理成本（CM）的均值为 14.9%，中位数为 6.8%，说明我国的上市公司经理人代理成本比较高。

表 5-8 模型 6-2 主要变量描述性统计

变量名称	观测值	变量符号	均值	中位数	最大值	最小值	标准差
经理人代理成本	1906	CM	0.149	0.068	2.158	0.001	0.285
内部控制审核报告	1906	IC	0.247	0.000	1.000	0.000	0.431
规模	1906	SIZE	21.978	21.865	27.805	17.879	1.257
财务杠杆	1906	LEV	0.512	0.527	0.998	0.007	0.190
产权性质	1906	NSOE	0.316	0.000	1.000	0.000	0.465
管理层持股比例	1906	MSR	0.001	0.000	0.575	0.000	0.019
独董比例	1906	NDR	0.364	0.333	0.714	0.143	0.053
股权制衡的	1906	SEP	0.168	0.135	0.800	0.001	0.128
总资产回报率	1906	ROA	0.043	0.036	0.229	-0.149	0.056

续表

变量名称	观测值	变量符号	均值	中位数	最大值	最小值	标准差
董事长与总经理兼任情况	1906	CC	0.128	0.000	1.000	0.000	0.334

(2) 多元回归分析

回归模型 6-1 的分析结果如表 5-9 所示,以迪博内部控制指数作为自变量,考察内部控制质量对经理人代理成本的影响。

从表 5-9 中可以看到,内部控制指数的系数为 0.064,在 1% 的水平上显著。这说明内部控制质量同经理人代理成本存在正相关关系,内部控制质量越高,债务代理成本越高,内部控制并没有有效地降低经理人代理人代理成本,验证了假设 6。

表 5-9 回归模型 6-1 多元线性回归分析表

变量	系数	T 值	Pr > |t|
Intercept	1.599***	17.71	<0.0001
CON	0.064***	13.96	<0.0001
SIZE	−0.088***	−20.62	<0.0001
LEV	−0.054*	−1.97	0.0489
NSOE	−0.017*	−1.77	0.0762
MSR	1.115***	4.47	<0.0001
NDR	0.203**	2.54	0.0112
SEP	0.238***	6.75	<0.0001
ROA	−0.859***	−10	<0.0001
CC	−0.002	−0.13	0.8999
INDUSTRY	已控制		
YEAR	已控制		
N	3406		

续表

变量	系数	T值	Pr>|t|
F统计量		35.45	
ADJ-R2		0.1887	

注：＊＊＊表示在1%水平显著,＊＊表示在5%水平显著,＊表示在10%水平显著。

回归模型6-2的分析结果如表5-10所示，以是否披露了内部控制审核报告作为自变量，考察内部控制质量对经理人代理成本的影响。

从表5-10中可以看到，内部控制指数的系数为0.027，在10%的水平上显著。这说明内部控制质量同经理人代理成本存在正相关关系，内部控制质量越高，债务代理成本越高，内部控制并没有有效地降低经理人代理人代理成本，验证了假设6。

表5-10 回归模型6-2多元线性回归分析表

变量	系数	T值	Pr>|t|
Intercept	1.844＊＊＊	14.6	<0.0001
IC	0.027＊	1.87	0.062
SIZE	-0.079＊＊＊	-13.69	<0.0001
LEV	-0.064	-1.66	0.097
NSOE	-0.008	-0.57	0.5704
MSR	1.598＊＊＊	5.15	<0.0001
NDR	0.225＊	1.97	0.0484
SEP	0.260＊＊＊	5.21	<0.0001
ROA	-0.757＊＊＊	-6.29	<0.0001
CC	0.006	0.35	0.7254
INDUSTRY	已控制		
YEAR	已控制		
N	1905		

续表

变量	系数	T值	Pr>|t|
F统计量		18.16	
ADJ-R2		0.1591	

注：*** 表示在1%水平显著，** 表示在5%水平显著，* 表示在10%水平显著。

(3) 稳健性检验

本节还做了一系列稳健性检验。

首先，用替代变量的方法进行稳健性检验。对解释变量和被解释变量均采用了替代变量进行再次检验。对作为解释变量的内部控制质量指标，采用了内部控制指数与行业内部控制指数平均数的差分，替代内部控制指数对上述模型进行回归分析，研究结果保持不变。对作为被解释变量的经理人代理成本指标，采用超常管理费用率代替管理费用率进行回归分析，研究结果也保持不变。

其次，用改变样本量的方法进行稳健性检验。很多中小板上市公司也发布了内部控制自我评价报告和会计师事务所出具的内部控制鉴证报告。将中小板样本加入后进行回归分析，研究结果也保持不变。

第 6 章　研究结论与启示

6.1　研究结论

本书以我国上市公司 2008—2011 年的数据为研究样本，采用实证研究方法研究了我国上市公司内部控制建设和实施的经济后果。

本书尝试回答如下问题：

(1) 内部控制是否能够影响企业竞争力？

(2) 内部控制是否能够降低代理成本？

为了解答这两个问题，本书主要做了以下研究。

本书从四个维度来度量企业竞争力，考察内部控制对企业竞争力的影响。

通过经验证据检验，发现内部控制对企业竞争力有促进作用。

第一，内部控制质量与营运能力存在正相关关系，高质量的内部控制能够提高企业的营运能力。

第二，内部控制质量与盈利能力存在正相关关系，但内部控制对盈利能力的影响力较弱。高质量的内部控制能够提高企业的盈利能力，但能够发挥的作用有限。

第三，内部控制质量与成长能力存在正相关关系，高质量的内部控制

第 6 章 研究结论与启示

能够提高企业的成长能力。与对盈利能力的系数进行对比可以发现,内部控制更能为企业带来长期的收益。

第四,内部控制质量与现金产生能力存在正相关关系,高质量的内部控制能为企业带来现金产生能力的增强,但过度的控制,会导致机会成本的丧失。

进一步对产权性质通过内部控制的对竞争力的影响进行研究发现,虽然上市公司的实际控制人为国有产权性质时,由于所有者缺位,其可能游离于内部控制系统之外,从而降低企业的包括市场占有率、现金产生能力在内的企业竞争力。

通过研究内部控制质量与托宾 Q 值的关系时还发现,我国上市公司的内部控制建设并没有得到市场的认可。在《内部控制基本规范》颁布后,我国对内部控制建设和实施的推行力度很大。上市公司纷纷组成专业的内部控制机构,并聘请会计师事务所进行内部控制系统的设计、建设、实施和评价。其目的是为了提高上市公司的会计信息质量,提高企业的经济效益,增强投资者的信心。从对托宾 Q 值的回归分析结果可以看到,无论是从会计信息质量提高的角度而言,还是内部控制对未来收益的推高作用的预期来说,投资者并未认可内部控制建设和实施的效果。

本文从债务代理成本和经理人代理成本的角度考察了内部控制是否可以降低代理成本,研究发现:

第一,内部控制质量与债务代理成本成正相关关系,内部控制的加强不能及时的降低债务代理成本。

第二,内部控制质量与经理人代理成本成正相关关系,内部控制的加强不能及时的降低经理人代理成本。

6.2 政策和建议

基于以上研究结论，本书认为要进一步提高我国上市公司内部控制，可以从以下几个方面进行改进和完善。

6.2.1 收紧边界，明确范围

我国的内部控制基本规范和应用指引，采用的是大内控的概念，内容广而杂，基本上覆盖了企业管理的所有方面，与企业的其他管理职能的边界模糊，没有很明确的框架。如将公司治理和企业文化均框入内部控制框架中，随其目标有一定的重合度，但其形成发展的根源与途径均不相同，全部放在一个框里，模糊了界限，不利于与内部控制的推广。

过于宽泛的内部控制边界增加了企业经营者和决策者的驾驭难度，在内部控制推广初期，应当将内部控制范围控制在以财务报表披露为基础的内部控制体系，这样有利于我国企业内部控制建设和实施的开展。

6.2.1 循序渐进，逐步开展

我国的内部控制基本规范和应用指引所包含的内容繁多，而且可操作性不强。应当分步推进，先实施较为容易的部分，明确披露的内容和标准。

推进重点仍应框定在小内控的范围内，如财务账簿管理及其披露等。其次，更多地面向过去的经营、财务情况。再次，风险管控及合规要求应当建立在满足投资人为主体的财务信息使用者的基础上。

6.2.3 大力宣传，标准可行

内部控制是由于管理的需要在企业内部自动产生的，但近代的内部控制体系是在一系列的会计丑闻所引发的外部监管机构和投资者共同推动以提高会计信息质量为目的而强行推广的。由于内部控制对于企业而言是一个附加的工程,造成内部控制推广的阻力主要来自企业自身。企业的经理人一方面可能对内部控制的重要性认识不足,另一方面担心内部控制侵犯自身的利益。因此,应当从企业内部诱发内部控制建设的动力,将管理层的利益用内部控制与股东及其他相关利益人的利益结合起来。

6.3 研究局限

本书的研究虽然从管理视角视角和代理视角对提高内部控制经济后果方面做了一些有益的探索,但由于种种原因,难免存在一些不足之处,主要表现在以下几个方面。

第一,研究中的各类指标主观性太强,大多属于间接性指标。

现有竞争力理论并没有统一客观的指标对其进行衡量,本书选择的八个衡量竞争力的指标是从其对外表现来选择的,而不是对竞争力本源的衡量,属于间接指标,并且带有主观性。

本书采用的迪博的内部控制指数指标衡量内部控制质量,由于其数据由深圳市迪博企业风险管理技术有限公司进行手工搜集,通过主观判断来进行打分,这在一定程度上可能会影响研究结论的科学性。

本书采用了是否披露了内部控制审核报告或者鉴证报告作为度量内部控制质量的指标,可能存在自选择问题。

在以后的研究中应探索更加直接、更加精确的度量指标,增强研究工作的说服力。

第二,在本书的实证分析中,存在部分模型的拟合度不高的问题,可能存在遗漏变量,须在今后的研究中进一步思考和解决,以便进一步提高结论的可靠性。

第三，本书在研究成长能力时采用的指标是一年期的增长率，内部控制对成长能力的影响是一个长期的过程。选择三年期或者更长期的滞后净利润增长率来做实证分析更具有说服力，但由于我国内部控制建设和信息的披露推动得较晚，早期没有较为全面而具体的指标对内部控制进行计量，没有足够的数据进行滞后较长期间的分析。未来获取长期的数据时，可以用长期的指标进行实证分析。

6.4 未来展望

6.4.1 内部控制披露标准方面的研究

纵观各上市公司的内部控制自我评价报告和鉴证报告，形式内容标准各异，应当深入研究内部控制披露的内容、格式、标准、量化方法等，增强内部控制披露信息的可读性和可比性。

6.4.2 内部控制经济后果的研究

内部控制作用的发挥需要时间，内部控制的建设和实施可能要在几年后才会看到效果。因此，在未来对内部控制长期经济效果研究时，可以为内部控制的研究提供更有效的经验数据。

参考文献

[1] 白华,高立.财务报告内部控制:一个悖论[J].会计研究,2011(3):68-75.

[2] 财政部会计司.企业内部控制规范讲解[M].北京:经济科学出版社,2010.

[3] 陈汉文,张宜霞.企业内部控制的有效性及其评价方法[J].审计研究,2008(3):48-54.

[4] 陈丽蓉,周曙光.上市公司内部控制效率实证研究——基于审计师变更视角的经验证据[J].当代财经,2010(10):120-128.

[5] 陈志斌,何忠莲.内部控制执行机制分析框架构建[J].会计研究,2007(10):46-52.

[6] 陈洁.内部控制信息披露对审计费用影响的研究——基于沪市A股上市公司2011年数据的经验研究[J].中国注册会计师,2012(8):88-94.

[7] 池国华.基于管理视角的企业内部控制评价系统模式[J].会计研究,2010(10):55-61.

[8] 戴彦.企业内部控制评价体系的构建——基基于A省电网公司的案例研究[J].会计研究,2006(1):69-76.

[9] 丁友刚,胡兴国.内部控制、风险控制与风险管理——基于组织目标的概念解说与思想演进[J].会计研究,2007(12):51-54.

[10] 方红星,孙翯.强制披露规则下的内部控制信息披露——基于沪市上市公司2006年年报的实证研究[J].财经问题研究,2007(12):67-73.

[11] 方红星,孙翯,金韵韵.公司特征、外部审计与内部控制信息的自愿披露——基于沪市上市公司2003—2005年年报的经验研究[J].会计研究,2009(10):44-51.

[12] 方红星,金玉娜.高质量内部控制能抑制盈余管理吗?——基于自愿性内部控制鉴

证报告的经验研究[J].会计研究,2011(8):53-60.

[13] 方红星,施继坤.自愿性内部控制鉴证与权益资本成本——来自沪市 A 股非金融类上市公司的经验证据[J].经济管理,2011(12):128-134.

[14] 方红星,刘丹.内部控制质量与审计师变更——来自我国上市公司的经验证据[J].审计与经济研究,2013(2):16-24.

[15] 方红星,张志平.内部控制质量与会计稳健性——来自深市 A 股公司 2007—2010 年年报的经验证据[J].审计与经济研究,2012(9):3-10.

[16] 傅贤治.公司治理泛化与企业竞争力衰退[J].管理世界,2006(4):154-155.

[17] 傅京燕,李丽莎.环境规制、要素禀赋与产业国际竞争力的实证研究——基于中国制造业的面板数据[J].管理世界,2010(10):87-98.

[18] 韩传模,汪士果.基于 AHP 的企业内部控制模糊综合评价[J].会计研究,2009(4):55-61.

[19] 何建国,张欣,周曙光.上市公司内控信息披露质量及影响因素[J].山西财经大学学报,2011(3):98-106.

[20] 胡大立,卢福财,汪华林.企业竞争力决定维度及形成过程[J].管理世界,2007(10):164-165.

[21] 黄京菁.美国 SOA404 条款执行成本引发争议的评论[J].会计研究,2005(9):86-89.

[22] 郭翠荣,刘亮.基于因子分析法的我国上市商业银行竞争力评价研究[J].管理世界,2012(1):176-177.

[23] 金碚.中国企业竞争力报告[M].北京:社会科学文献出版社,2003.

[24] 金碚.企业竞争力测评的理论与方法[J].中国工业经济,2003(3):5-13.

[25] 李连华,聂海涛.我国内部控制研究的思想主线及其演变:1985—2005 年[J].会计研究,2007(3):71-78.

[26] 李享.美国内部控制实证研究:回顾与启示[J].审计研究,2009(1):87-96.

[27] 李万福,林斌,宋璐.内部控制在公司投资中的角色:效率促进还是抑制[J].管理世界,2011(2):81-99.

[28] 李心合.内部控制:从财务报告导向到价值创造导向[J].会计研究,2007(4):54-60.

[29] 李斌.关于企业内部控制与企业价值相关性研究[J].经济师,2005(11):177-178.

[30] 李明辉,何海,马夕奎.我国上市公司内部控制信息披露状况的分析[J].审计研究,2003(1):38-43.

[31] 李明辉.内部公司治理与内部控制[J].中国注册会计师,2003(11):22-23.

[32] 林斌,饶静.上市公司为什么自愿披露内部控制鉴证报告?——基于信号传递理论的实证研究[J].会计研究,2009(2):45-52.

[33] 林斌,李万福,王林坚,舒伟.内部控制的影响因素及经济后果研究——国外内部控制实证文献评述[J].井冈山大学学报(社会科学版),2010(5):46-55.

[34] 林钟高,郑军,王书珍.内部控制与企业价值研究——来自沪深两市A股的经验分析[J].财经研究,2007(4):132-143.

[35] 林钟高,徐虹.分工、控制权配置与内部控制效率研究[J].会计研究,2009(3):64-71.

[36] 刘明辉.内部控制鉴证:争论与选择[J].会计研究,2010(9):43-50.

[37] 刘辉群.竞争力理论的古典经济学渊源——从比较优势到竞争优势[J].北京工商大学学报(社会科学版),2003(3):12-13.

[38] 路晓颖.内部控制对上市公司并购绩效的影响研究[D].天津:天津大学,2011.

[39] 卢锐,柳建华,许宁.内部控制、产权与高管薪酬业绩敏感性[J].会计研究,2011(10):42-48.

[40] 潘琰,郑仙萍.论内部控制理论之构建:关于内部控制基本假设的探讨[J].会计研究,2008(8):63-67.

[41] 齐保垒,田高良,李留闯.上市公司内部控制缺陷与财务报告信息质量[J].管理科学,2010(8):38-47.

[42] 邱冬阳,陈林,孟卫东.内部控制信息披露与IPO抑价——深圳中小板市场的实证研究[J].会计研究,2010(10):34-39.

[43] 南京大学会计与财务研究院课题组.论中国企业内部控制评价制度的现实模式——基于112个企业案例的研究[J].会计研究,2010(6):51-61.

[44] 唐立新.企业内部控制评价百分制法[M].北京:冶金工业出版社,2011.

[45] 田高良,保垒,李留闯.基于财务报告的内部控制缺陷披露影响因素研究[J].南开管理评论,2010(4):134-141.

[46] 王宏,蒋占华,胡为民,赵丽生,林斌.中国上市公司内部控制指数研究[J].会计研究,2011(12):20-24.

[47] 王海林.内部控制能力评价的IC-CMM模型研究[J].会计研究,2009(10):53-59.

[48] 王立勇.内部控制系统评价定量分析的数学模型[J].审计研究,2004(4):53-59.

[49] 吴秋生,杨瑞平.内部控制评价整合研究[J].会计研究,2011(9):55-60.

[50] 吴益兵.内部控制鉴证:动机、价值相关性与内控效率[D].上海:复旦大学,2010.

[51] 谢志华.内部控制、公司治理、风险管理:关系与整合[J].会计研究,2007(10):37-45.

[52] 杨清香.试论内部控制概念框架的构建[J].会计研究,2010(11):29-32.

[53] 杨有红,胡燕.试论公司治理与内部控制的对接[J].会计研究,2004(10):14-18.

[54] 杨有红,陈凌云.2007年沪市公司内部控制自我评价研究——数据分析与政策建议[J].会计研究,2009(6):58-64.

[55] 杨有红,李宇立.内部控制缺陷的识别、认定与报告[J].会计研究,2011(3):76-80.

[56] 杨雄胜.内部控制范畴定义探索[J].会计研究,2011(8):46-52.

[57] 于忠泊,田高良.内部控制评价报告真的有用吗——基于会计信息质量、资源配置效率视角的研究[J].山西财经大学学报,2009(10):110-118.

[58] 于增彪,王竞达.企业内部控制评价体系的构建——基于亚新科工业技术有限公司的案例研究.[J].审计研究,2007(3):47-62.

[59] 张安明.内部控制与公司治理研究[D].厦门:厦门大学,2002.

[60] 张敏,朱小平.中国上市公司内部控制问题与审计定价关系研究——来自中国A股上市公司的横截面数据[J].经济管理,2010(9).

[61] 张川,沈红波,高新梓.内部控制的有效性、审计师评价与企业绩效[J].审计研究,2009(6):79-183.

[62] 张继勋,周冉,孙鹏.内部控制披露、审计意见、投资者的风险感知和投资决策:一项

实验证据[J]. 会计研究,2011(9):66-73.

[63] 张龙平,陈作习,宋浩. 美国内部控制审计的制度变迁及其启示[J]. 会计研究,2009(2):75-80.

[64] 张士强,张暖暖. 我国上市公司内部控制现状与存在问题分析[J]. 审计与经济研究,2009(3):102-107.

[65] 张兆国,张旺峰,杨清香. 目标导向下的内部控制评价体系构建及实证检验[J]. 南开管理评论,2011(1):148-156.

[66] 张先治,戴文涛. 中国企业内部控制评价系统研究[J]. 审计研究,2011(1):69-78.

[67] 朱荣恩,应唯,袁敏. 美国财务报告内部控制评价的发展及对我国的启示[J]. 会计研究,2003(8):48-53.

[68] 中国会计学会. 企业内部控制自我评价与审计[M]. 大连:大连出版社,2010.

[1] Altanmuro J. ,Beatty A. How Does Internal Control Regulation Affect Financial Reporting [J]. Worok paper,2006.

[2] Ashbaugh-Skaife H. ,Collins D. W. , Kinney Jr W. R. The Discovery and Reporting of Internal Control Deficiencies Prior to SOX-Mandated Audits[J]. Journal of Accounting and Economics,2007(44):116-192.

[3] Ashbaugh-Skaife H. ,Collins D. W. ,Kinney Jr W. R. ,LaFond R. The Effect of SOX Internal Control Deficiencies and Their Remediation on Accrual Quality[J]. The Accounting Review,2008,38(1):217-250.

[4] Asare S. K. ,Wright A. The Effect of Type of Internal Control Report on Users' Confidence in the Accompanying Financial Statement Audit Report[J]. Contemporary Accounting Research,2012,29(1):152-175.

[5] Beneish M. ,Daniel M. B. ,Bilings L. D. ,Hodder Internal Control Weakness and Information Uncertainty[J]. The Accounting Review,2008,83(3):665-703.

[6] Bierstaker J. L. ,Thibodeau J. C. The Effect of Format and Experience on Internal Control Evaluation[J]. Managerial Auditing Journal,2006,21(9):877-891.

[7] Bryan S. ,Lilien S. Characterstics of firms with material weakness in internal control: an as-

sessment of Section 404 of Sarbans – Oxley [D]. Winston – Salem: Wake Forest University,2005.

[8] Carmichael D. R. Behavioral hypotheses of internal control[J]. The Accounting Review, 1970,45(2):235-245.

[9] Collis D. J. Competing on Resources, Strategy in the 1990s[J]. Harvard Business Review, 1998:118-128.

[10] Costello A. M. ,Moerman R. W. The Impact of Financial Reporting Quality on Debt Contracting: Evidence from Internal Control Weakness Reports[J]. Journal of Accounting and Economics,2011,49(1):97-136.

[11] Deumes R. ,Knechel R. D. Economic Incentives for Voluntary Reporting on Internal Risk Management and Control Systems Auditing[J]. Journal of Practice Theory,2008,27(1): 35-66.

[12] Dorothy M. ,Ragahunandan Internal Control Reports and Financial Reporting Problem[J]. Accounting Horizons1996,10(12):67-75.

[13] Doyle J. ,Ge W. ,McVay S. Accruals Quality and Internal Control over Financial Reporting [J]. The Accounting Review,2007,82(5):1141-1170.

[14] Doyle J. ,Ge W. ,McVay S. Determinants of Weaknesses in Internal Control over Financial Reporting and the Implications for Earnings Quality[J]. Journal of Accounting and Economics,2007(44):193-223.

[15] El – GazzarS. , ChungK. H. , Jacob R. A. Reporting of Internal Control Weaknesses and Debt Rating Changes[J]. International Atlantic Economic Society,2011(17):421-435.

[16] Feng M. ,Li C. ,McVay S. Internal Control and Management Guidance[J]. Journal of Accounting and Economics,2009,48(2):190-209.

[17] Gao P. Disclosure Quality,Cost of Capital,and Investor Welfare[J]. The Accounting Review,2010,85(1):1-29.

[18] Ge W. ,McVay S. The Disclosure of Material Weaknesses in Internal Contro l after the Sarbanes-Oxley Act[J]. Accounting Horizons,2005,19(3):137-158.

[19] Goh B. W. Interal Control Failures and Corporate Governance Structures: A Post Sarbanes-Oxley Act(SOX) Analysis Doctoral dissertation[J]. Geogia Institute of Technology,2007: 24-27.

[20] Goh B. W. ,D. Li Internal Controls and ConditionalConservatism[J]. The Accounting Review2011,86(3):975-1005.

[21] Gupta P. Management's Evaluation of Internal Controls underSection 404(a) Using the COSO 1992 Control Framework: Evidencefrom Practice[J]. International Journal of Disclosure and Governance,2008,5(1):48-68.

[22] Healy P. M. ,Palepu K. G. Information Asymmetry, Corporate Disclosure and the Capital Markets: A Review of Empirical Literature[J]. Journal of Accounting and Economics, 2001(31):405-440.

[23] Hogan C. ,Wilkins M. ,Evidence on the Audit Risk Model: Do Auditors Increase Audit Fees in the Presence of Internal Control Deficiencies [J]. Contemporary Accounting Rearch,2008,25(1):219-242.

[24] Hoitash R. ,Hoitash U. ,Johnstone K. M. Internal Control Material Weakness and CFO Compensation[J]. Contemporary Accounting Research,2012,29(3):768-803.

[25] Irving ,Jams H. II. The Information Content of Internal Control Legislation: Evidence from Material Weakness Disclosures Doctoral dissertation,2006,University of North Carolina at Chapel Hill.

[26] Jokipii A. Determinants and Consequences of Internal Control in Firms: A Contingency Theory Based Analysis[J]. SpringerScience+Business Media,2009(14):115-144.

[27] Kinney W. R. ,Shepardson M. L. Do Control Effectiveness Disclosures Require SOX 404 (b) Internal Control Audits? A Natural Experiment with Small U. S. Public Companies [J]. Journal of Accounting and Economics,2011,49(2):413-448.

[28] Krishnan J. Audit Committee Quality and Internal Control: An Empirical Analysis[J]. The Accounting Review,2005,80(2):649-675.

[29] Lambert R, Leuz C, Verrecchia R. Accounting Information, Disclosure, and the Cost of

Capital[J]. Journal of Accounting Research,2007,45(2):385-420.

[30] Leary C. O. ,Iselin E. The Relative Effects of Elements of Internal Control on Auditors' Evaluations of Internal Control[J]. Pacific Accounting Review,2006,(18):2 69-96.

[31] Lu H. ,Richardson G. ,Salterio S. Direct and Indirect Effects of Internal Control Weaknesses on Accrual Quality: Evidence from a Unique Canadian Regulatory Setting[J]. Contemporary Accounting Research,2011,28(2), 675-707.

[32] Maijoor S. The Internal Control Explosion[J]. International Journal of Auditing,2000(4): 101-109.

[33] Marinovic I. Internal Control System, Earnings Quality, and the Dynamics of Financial Reporting[J]. RAND Journal of Economics,2013,44(1):145-167.

[34] Michael C. J. The Agency Costs of Overvalued Equity and the Current State of Corporate Finance European Financial Management [J]. European Financial Management Association,2004,10(4):549-565.

[35] Mcvay S. Discussion of Do Control Effectiveness Disclosures Require SOX 404 (b) Internal Control Audits? A Natural Experiment with Small U. S. Public Companies[J]. Journal of Accounting and Economics,2011,49(2):449-456.

[36] Ogneva M. ,Subramanyam K. R. ,Raghunandan K. Internal Control Weakness and Cost of Equity:Evidence from SOX Section 404 Disclosures[J]. The Accounting Review,2007,82 (5):1255-1297.

[37] Patterson E. R. ,Smith R. The Effec ts o f Sarbanes-Oxley on Auditing and Interna l Contro l Strength[J]. The Accounting Review,2007,82(2):427-455.

[38] Porter M. E. From Competitive Advantage to Corporate Strategy[J]. Harvard Business Review,1987:143-145.

[39] Raghunandan K. ,Rama D. V. SOX Section 404 Material Weakness Disclosures and Audit Fees[J]. A Journal of Practice & Theory,2006,25(1):99-114.

[40] Rice S. ,Weber D. P. How Effective Is Internal Control Reporting under SOX 404? Determinants of the (Non-) Disclosure of Existing Material Weaknesses[J]. Journal of Ac-

counting and Economics,2012,50(3):811-843.

[41] Zhang I. X. Economic Consequences of the Sarbanes Oxley Act of 2002[J]. Journal of Accounting and Economics,2007(44):74-115.